教科書ワーク
もくじ

教育出版版 漢字6年

【イラスト】植木美江

一 情景描写《びょう》に着目して感想を話し合おう

基本のワーク

あの坂をのぼれば
言葉の文化① 春はあけぼの

教科書 上14～29ページ

勉強した日 月 日

◆「読み方」の赤い字は教科書で使われている読みです。●はまちがえやすい漢字です。

あの坂をのぼれば

背（14ページ） 背 にく（はねる）
- 読み方：ハイ　せ・せい　（そむく）（そむける）
- 使い方：背景《はいけい》・背泳《せおよ》ぎ・背比《せいくら》べ　背筋《せすじ》
- 9画

筋（14ページ） 筋 たけかんむり（はねる）
- 読み方：キン　すじ
- 使い方：筋肉《きんにく》　背筋《せすじ》・筋道《すじみち》
- 12画

「背」を使った言葉。
- 背にはらはかえられない …さしせまった大切なことのためには、ほかをぎせいにしてもしかたがない。
- 背を向ける…相手にしない。

幼（14ページ） 幼 いとがしら（はねる）
- 読み方：ヨウ　おさない
- 使い方：幼児《ようじ》・幼虫《ようちゅう》・幼稚園《ようちえん》　幼《おさな》い子
- 5画

裏（14ページ） 裏 ころも（立てる・長く・はらう）
- 読み方：（リ）　うら
- 使い方：表と裏《うら》・裏口《うらぐち》・裏切《うらぎ》る
- 13画

奮（15ページ） 奮 だい（はらう・平たく）
- 読み方：フン　ふるう
- 使い方：奮起《ふんき》・興奮《こうふん》　気力を奮《ふる》う・奮《ふる》い立つ
- 16画

言葉の文化① 春はあけぼの

15ページ

磁 いしへん

磁（小さく）

読み方
ジ
―

使い方
磁石《じしゃく》・磁気《じき》・磁力《じりょく》

14画

漢字の意味。
「磁」には、いろいろな意味があるよ。
①鉄を引きつける性質。 例 磁石・磁力
②焼き物。 例 磁器・青磁

26ページ

降 こざとへん

降（はらう・はねる・つき出す）

読み方
コウ
おりる・おろす
ふる

使い方
乗降客《じょうこうきゃく》・駅で降《お》りる
客を降《お》ろす・雨が降《ふ》る

10画

27ページ

暮 ひ

暮（少し出す・長く・はらう）

読み方
（ボ）
くれる・くらす

使い方
夕暮《ゆうぐ》れ・年が暮《く》れる
海外で暮《く》らす

14画

28ページ

灰 ひ

灰（はらう）

読み方
（カイ）
はい

使い方
白い灰《はい》・灰色《はいいろ》・灰皿《はいざら》

6画

28ページ

暖 ひへん

暖（下を長く・はらう・つき出さない）

読み方
ダン
あたたか・あたたかい
あたたまる・あたためる

使い方
寒暖計《かんだんけい》・暖《あたた》かい日
室内を暖《あたた》める

13画

29ページ

私 のぎへん

私（とめる）

読み方
シ
わたくし・わたし

使い方
私鉄《してつ》・私立《しりつ》
私《わたくし》の意見・あなたと私《わたし》

7画

新しい読み方を覚える漢字

28ページ
降《おりる》
降《お》りる

ものしりメモ 「奮」は、「大」と「隹」（とり）と「田」を合わせて、鳥が羽を大きく広げて田を飛び立つすがたを表す漢字だよ。そこから「ふるいたつ」という意味になったんだ。

練習のワーク

あの坂をのぼれば 言葉の文化① 春はあけぼの

教科書 上14～29ページ

答え 1ページ

勉強した日 月 日

1 新しい漢字を読みましょう。

① 14ページ 背筋（　　）があせにまみれる。

② 幼（　　）いころの話。

③ うちの裏（　　）の山。

④ 気力を奮（　　）い起こす。

⑤ 磁石（　　）が北をさす。

⑥ 24ページ 雨が降（　　）る。

⑦ 秋は夕暮（　　）れがいい。

⑧ 白い灰（　　）になる。

⑨ 霜《しも》が降（　　）りる。

⑩ 少し暖（　　）かくなる。

⑪ 私（　　）の生まれた季節。

ここからはってん

✿⑫ 山を背景（　　）にする。

✿⑬ うでの筋肉（　　）をきたえる。

✿⑭ 幼虫（　　）を育てる。

✿⑮ 興奮（　　）がおさまらない。

✿⑯ 乗降客（　　）が多い。

✿⑰ 寒暖計（　　）を買う。

✿⑱ 私鉄（　　）を利用する。

2 新しい漢字を書きましょう。〔　〕は、送り仮名《がな》も書きましょう。

✿の漢字は新出漢字の別の読み方です。

① 14ページ ［　　］《せすじ》をのばす。

② 〔　　〕《おさない》妹。

③ 家の［　］《うら》に回る。

④ 勇気を〔　　〕《ふるう》。

⑤ ［　　］《じしゃく》をつかう。

⑥ 24ページ 雪が〔　　〕《ふる》。

⑦ 〔　　〕《ゆうぐれ》の空。

⑧ たき火の［　］《はい》。

⑨ バスから〔　　〕《おりる》。

⑩ 〔　　〕《あたたかい》地方。

⑪ ［　］《わたし》のしゅみを教える。

ここから はってん

✿⑫ ［　　］《きんにく》をつける。

✿⑬ セミの［　　］《ようちゅう》。

3 漢字で書きましょう。（〰〰は、送り仮名も書きましょう。太字は、この回で習った漢字をつかった言葉です。）

① こわいものがたりに**せすじ**がこおる。

② **おさない**おとうとと かいものに いく。

③ **じしゃく**をつかうじっけんをする。

④ かざんちたいに**はい**が**ふる**。

⑤ **ゆうぐれ**どきまでにむらへかえる。

⑥ **わたし**のいえのなかは**あたたかい**。

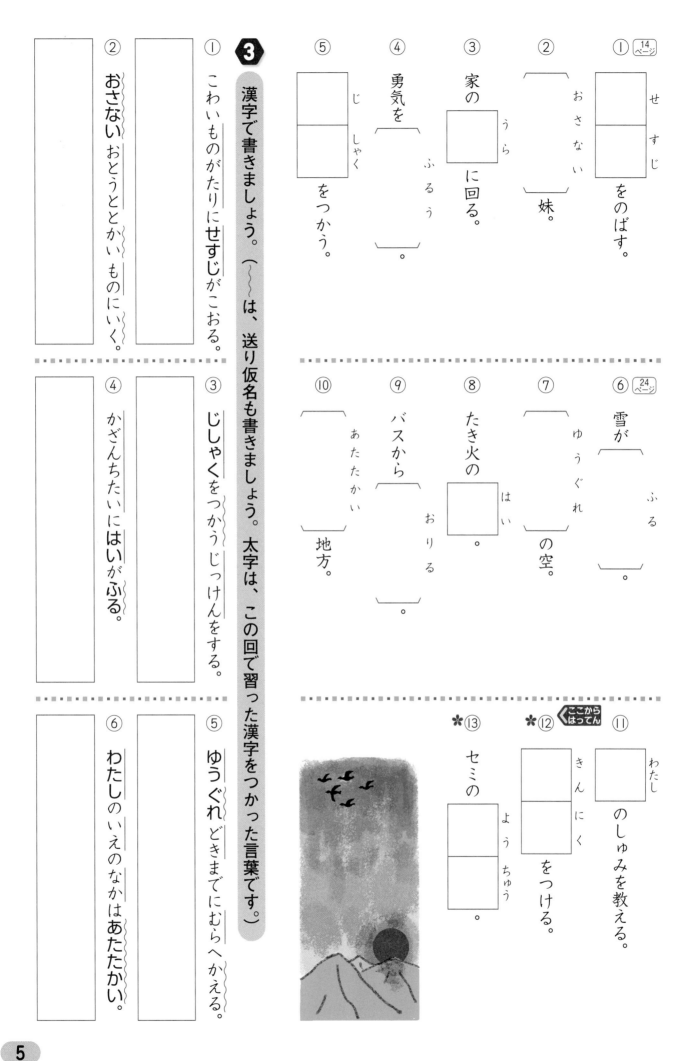

基本のワーク

言葉の広場① 主語と述語の対応をかくにんしよう
漢字の広場① 三字以上の熟語の構成／五年生で学んだ漢字①

教科書 上 30～34ページ

勉強した日　月　日

◆「読み方」の赤い字は教科書で使われている読みです。●はまちがえやすい漢字です。

言葉の広場① 主語と述語の対応をかくにんしよう

30ページ

将　すん

将（とめる・はねる）

読み方：ショウ
―

使い方：将来《しょうらい》・将軍《しょうぐん》・主将《しゅしょう》

10画

漢字の意味。
「将」には、いろいろな意味があるよ。
①軍やチームを率いる。　例 将軍・主将
②これから～する。　例 将来

漢字の広場① 三字以上の熟語の構成

32ページ

熟　れんが　れっか

熟（立てる・わすれない・はねる・はねる・点の向き）

読み方：ジュク
（うれる）

使い方：熟語《じゅくご》・半熟《はんじゅく》・未熟《みじゅく》
実が熟《じゅく》す

15画

32ページ

並　いち

並（長く・つき出さない）

読み方：（ヘイ）
なみ・ならべる
ならぶ・ならびに

使い方：並《なみ》木《き》道《みち》・一列に並《なら》ぶ
氏名並《なら》びに住所

8画

32ページ

諸　ごんべん

諸（あける・長くはらう・下を長く）

読み方：ショ
―

使い方：諸問題《しょもんだい》・諸国《しょこく》

15画

漢字の意味。
「諸」は、「多くの・いろいろな」という意味を表すよ。
例 諸国・諸説

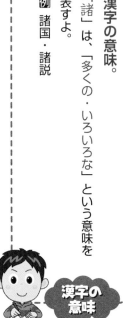

32ページ

貴 かい

貴（長く・つき出さない・とめる）

読み方

キ

（たっとい）（とうとい）

（たっとぶ）（とうとぶ）

使い方

貴金属《ききんぞく》・貴族《きぞく》・貴重品《きちょうひん》

12画

漢字の意味。

「貴」には、いろいろな意味があるよ。

①価値《ち》・身分が高い。　例 貴族・高貴

②相手に対して敬意《けい》を示す。　例 貴社・貴校

32ページ

棒 きへん

棒（つける位置・はらう・とめる）

読み方

ボウ

ー

使い方

棒磁石《ぼうじしゃく》・鉄棒《てつぼう》

12画

漢字の形に注意。

棒　横棒の数をまちがえないようにしよう。

32ページ

奏 だい

奏（はらう・とめる）

読み方

ソウ

（かなでる）

使い方

演奏《えんそう》・合奏《がっそう》

9画

「奏」を使った言葉。

功を奏する…努力が実って、物事がうまくいく。成功する。

同じ意味で「奏功」という熟語もあるよ。

32ページ

賃 かい

賃（一番長く・とめる）

読み方

チン

ー

使い方

電車賃《でんしゃちん》・賃金《ちんぎん》

13画

形の似ている漢字。

賃（チン）　例 賃金・運賃

貸（か-す）　例 貸し切り・本を貸す

ものしりメモ　漢字三字以上の熟語には、「棒＋磁石」のように一字と二字の語が結びついたもの、「電車＋賃」のように二字と一字の語が結びついたものなど、いろいろな構成があるよ。

32ページ

層

しかばね
かばね

はらう

読み方
ソウ
―

使い方
中間層《ちゅうかんそう》・上層《じょうそう》・断層《だんそう》

14画

32ページ

己

おのれ

あける　はねる

読み方
コ・(キ)
(おのれ)

使い方
自己《じこ》・利己《りこ》

3画

漢字の形に注意。

己　あける。

「已」や「巳」にしないでね。

「利己」は「自分の利益だけを考える」という意味だよ。

32ページ

退

しんにょう
しんにゅう

点をつけない　とめる　一画

読み方
タイ
しりぞ**く**
しりぞ**ける**

使い方
一退《いったい》・退場《たいじょう》・一歩退《しりぞ》く
うったえを退《しりぞ》ける

9画

33ページ

郵

おおざと

はねる

読み方
ユウ
―

使い方
郵便《ゆうびん》・郵送《ゆうそう》

11画

筆順に注意。

「垂」の部分は、

「郵郵郵郵郵郵郵郵郵」と書くよ。

「阝」(おおざと)は、三画で書くよ。

33ページ

遺

しんにょう
しんにゅう

長く　つき出さない　一画　とめる

読み方
イ・(ユイ)
―

使い方
遺産《いさん》・遺業《いぎょう》・遺伝《いでん》

15画

33ページ

処

つくえ

はねる　はらう

読み方
ショ
―

使い方
処理《しょり》・処置《しょち》

5画

33ページ

蒸 くさかんむり

読み方
ジョウ
(む**す**)(む**れる**)
(む**らす**)

使い方
蒸気《じょうき》・蒸発《じょうはつ》・水蒸気《すいじょうき》

13画

漢字の形に注意。

蒸　九画めの横棒をわすれないようにしよう。

「蒸発」は「液体が気体になる現象」という意味だよ。

33ページ

策 たけかんむり

読み方
サク
—

使い方
対策《たいさく》・方策《ほうさく》・解決策《かいけつさく》

12画

33ページ

乱 おつ

読み方
ラン
みだ**れる**・みだ**す**

使い方
混乱《こんらん》・乱立《らんりつ》
息が乱《みだ》れる・和を乱《みだ》す

7画

33ページ

模 きへん

読み方
モ・ボ
—

使い方
模型《もけい》・模様《もよう》・規模《きぼ》

14画

読み方に注意。

「模」には、二通りの音読みがあるよ。

ボ…例 規模《きぼ》

モ…例 模型《もけい》・模様《もよう》・模写《もしゃ》

33ページ

券 かたな

読み方
ケン
—

使い方
乗車券《じょうしゃけん》・入場券《にゅうじょうけん》

8画

漢字の形に注意。

券　「刀」を「力」としないようにね。

ものしりメモ
「退」は「後ろへ下がる・おとろえる」などの意味を表すよ。反対の意味の漢字は「進」。だから、「後退」の反対の意味の言葉は「前進」となるよ。

練習のワーク

言葉の広場① 主語と述語の対応をかくにんしよう
漢字の広場① 三字以上の熟語の構成／五年生で学んだ漢字①

教科書 上30～34ページ
答え 1ページ

勉強した日　月　日

1 新しい漢字を読みましょう。

①（30ページ）**将来**（　　）の夢。
②（32ページ）**熟語**（　　）の構成。
③ 言葉が**並**（　　）ぶ。
④ **諸問題**（　　）を解決する。
⑤ **貴金属**（　　）の種類。
⑥ **棒磁石**（　　）を使う。
⑦ **演奏会**（　　）を開く。

⑧ **電車賃**（　　）をはらう。
⑨ **中間層**（　　）に属する。
⑩ **自己**（　　）主張が強い。
⑪ 一進**一退**（　　）をくり返す。
⑫ **郵便物**（　　）がとどく。
⑬ 世界**遺産**（　　）をめぐる。
⑭ 下水**処理場**（　　）の見学。

⑮ **蒸気**（　　）機関車に乗る。
⑯ 地球温暖化防止**対策**（　　）。
⑰ **大混乱**（　　）を招く。
⑱ **大規模**（　　）な工事。
⑲ **入場券**（　　）を買う。

ここからはってん

✿⑳ かみの毛が**乱**（　　）れる。
✿㉑ 電車の**模型**（　　）を作る。

✿の漢字は新出漢字の別の読み方です。

2 新しい漢字を書きましょう。〔　〕は、送り仮名《がな》も書きましょう。

① 30ページ □□《しょうらい》について考える。

② 32ページ 三字の□□《じゅくご》。

③ 行列に〔　　〕《ならぶ》。

④ 世界の□□□《しょもんだい》。

⑤ □□□《ききんぞく》をあつかう。

⑥ □□□《ぼうじしゃく》での実験。

⑦ □□□《えんそうかい》を楽しむ。

⑧ □□□《でんしゃちん》を調べる。

⑨ □□□《ちゅうかんそう》の人数。

⑩ □□《じこ》しょうかいをする。

⑪ 一進□□《いったい》の戦い。

⑫ □□□《ゆうびんぶつ》を受け取る。

⑬ 文化□□《いさん》に登録される。

⑭ ごみ□□□《しょりじょう》で働く。

⑮ やかんから□□《じょうき》が出る。

⑯ 新たな□□《たいさく》を立てる。

⑰ □□□《だいこんらん》が起きる。

⑱ □□□《だいきぼ》な調査。

⑲ 映《えい》画館の□□□《にゅうじょうけん》。

✿⑳ ここからはってん 列が□《みだ》れる。

✿㉑ 車の□□《もけい》を買う。

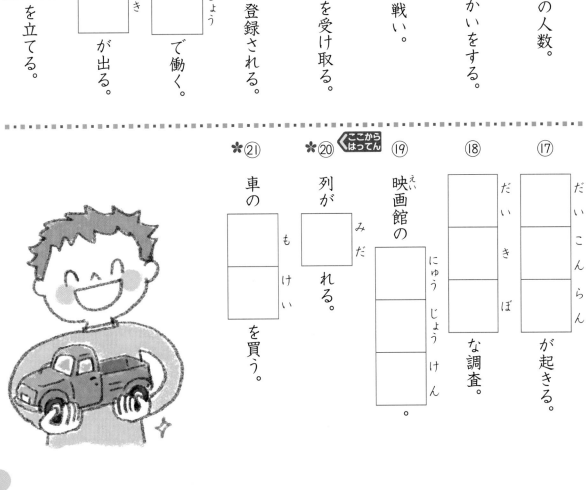

3 漢字で書きましょう。（〜〜は、送り仮名《がな》も書きましょう。太字は、この回で習った漢字を使った言葉です。）

① **じゅくご**のテスト**たいさく**を〜ねる〜。

② **ききんぞく**がたなに〜**ならぶ**〜。

③ かぞくの**しょもんだい**を〜かんがえる〜。

④ **だいきぼ**な**えんそうかい**のけいかく。

⑤ おうふくの**でんしゃちん**を〜しらべる〜。

⑥ **じこ**じつげんのためにどりょくする。

⑦ いっしん**いったい**のじょうたいだ。

⑧ **ゆうびんぶつ**をはいたつする。

⑨ やかんから〜しろい〜**じょうき**が〜でる〜。

⑩ **にゅうじょうけん**をにまい〜かう〜。

4 五年生で学んだ漢字

五年生で習った漢字を書きましょう。〔 〕は、送り仮名も書きましょう。

① 人数を〔つげる〕。

② [じむ]として働く。

③ しごとを〔まかす〕。

④ □□《ようけん》を伝える。

⑤ □□《しょくいん》が案内する。

⑥ お客さんの□□《おうたい》をする。

⑦ 受付を□□《つうか》する。

⑧ □《がく》に入った絵画。

⑨ □□《かいせつ》を聞く。

⑩ 絵を鑑《かん》□《しょう》する。

⑪ □□《こうひょう》のうちに終わる。

⑫ □□《ぜっさん》された作品。

⑬ 白い□《ぬの》をかぶせる。

⑭ □□《せいふく》を着る。

⑮ 〔　　〕《みはり》をする。

⑯ □□□□《はんざいぼうし》。

⑰ □□《ぼうさい》くんれんをする。

⑱ □□《ひじょう》ベルが鳴る。

⑲ □□《どうぞう》を見上げる。

⑳ 歩いて□□《いどう》する。

㉑ □□□《ろうがんきょう》をかける。

㉒ どれにするか〔　　〕《まよう》。

㉓ □□《はんてい》にしたがう。

㉔ 変わった□□《そざい》を使う。

㉕ □□《ちしき》が豊富だ。

㉖ 係の人は□□《ふざい》だ。

㉗ □□□《さっぷうけい》な部屋。

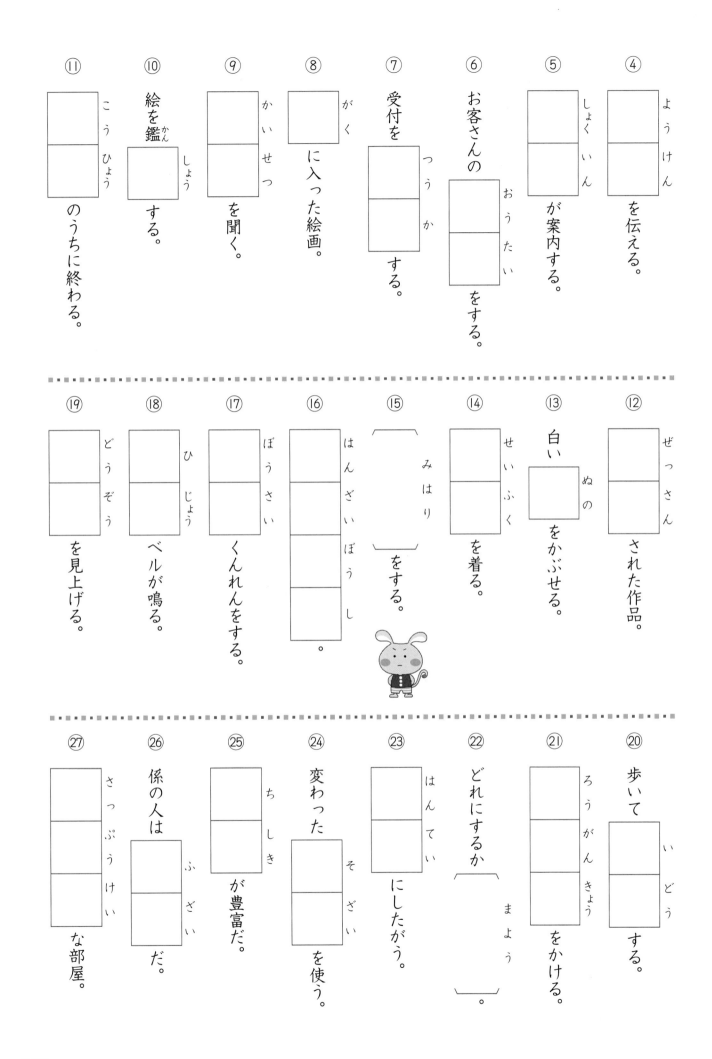

基本のワーク

アイスは暑いほどおいしい？ ——グラフの読み取り
雪は新しいエネルギー ——未来へつなぐエネルギー社会

教科書 上36～51ページ

勉強した日 月 日

◆「読み方」の赤い字は教科書で使われている読みです。🐱はまちがえやすい漢字です。

アイスは暑いほどおいしい？ ——グラフの読み取り

36ページ

縦（いとへん）　はらう　はらう　とめる

読み方：ジュウ　たて

使い方：縦横《じゅうおう》・縦断《じゅうだん》　縦方向《たてほうこう》・縦書《たてが》き

16画

漢字の意味。
「縦」には、「たて」という意味のほかに、「ほしいまま・きままにする」という意味があるよ。

雪は新しいエネルギー ——未来へつなぐエネルギー社会

38ページ

異（た）　下を長く　とめる

読み方：イ　こと

使い方：異常《いじょう》・異質《いしつ》　異《こと》なる点

11画

38ページ

危（ふしづくり）　とめる　はねる　はらう　×己

読み方：キ　あぶない　（あやうい）（あやぶむ）

使い方：危機《きき》・危険《きけん》　危《あぶ》ない道

6画

40ページ

存（こ）　少し出す　はねる

読み方：ソン・ゾン　——

使い方：存在《そんざい》・存続《そんぞく》　保存《ほぞん》・存分《ぞんぶん》・生存《せいぞん》

6画

読み方に注意。
「存」には、二通りの音読みがあるよ。
ソン…例 存続《そんぞく》・存亡《そんぼう》　ゾン…例 存分《ぞんぶん》・生存《せいぞん》
＊「共存」は、「きょうそん」「きょうぞん」のどちらとも読むよ。

40ページ

除

こざとへん

つき出さない／下を長く／はねる／とめる

読み方
ジョ・（ジ）
のぞく

使い方
除雪《じょせつ》・除外《じょがい》
取り除《のぞ》く

10画

漢字の意味。

「除」には、「とりのぞく」という意味のほかに、「割《わ》り算をする」という意味もあるよ。だから、「割り算」のことを「除法」ともいうんだ。

40ページ

蔵

くさかんむり

わすれない／はらう／はねる

読み方
ゾウ
（くら）

使い方
冷蔵庫《れいぞうこ》・貯蔵《ちょぞう》・土蔵《どぞう》

15画

41ページ

糖

こめへん

立てる／つき出す／とめる／はらう

読み方
トウ
―

使い方
糖《とう》をふくむ食品
糖分《とうぶん》・砂糖《さとう》

16画

41ページ

域

つちへん

わすれない／はねる

読み方
イキ
―

使い方
地域《ちいき》・区域《くいき》

11画

42ページ

呼

くちへん

はねる

読み方
コ
よぶ

使い方
呼吸《こきゅう》・点呼《てんこ》
名前を呼《よ》ぶ

8画

42ページ

脳

にくづき

はねる／とめる

読み方
ノウ
―

使い方
首脳《しゅのう》・頭脳《ずのう》

11画

43ページ

割

りっとう

立てる／はねる／はねる

読み方
（カツ）
わる・わり
われる・（さく）

使い方
割《わ》り算・三割《さんわり》・役割《やくわり》
茶わんが割《わ》れる

12画

ものしりメモ
「脳みそをしぼる」など、体の一部を表す漢字を使った慣用句はたくさんあるよ。
「頭が固い」「足が重い」「鼻につく」「目が高い」などもそうだね。

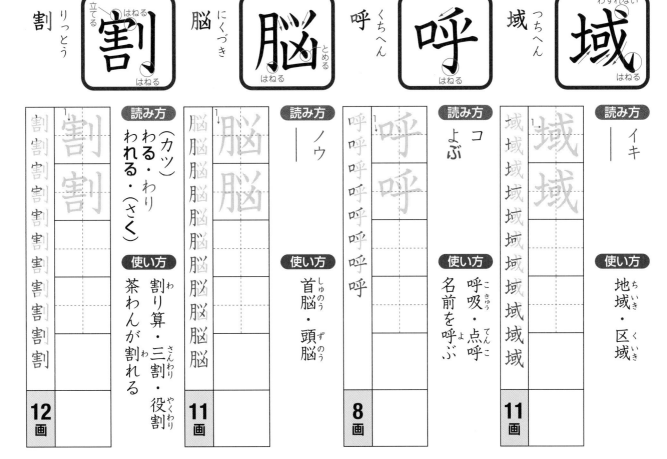

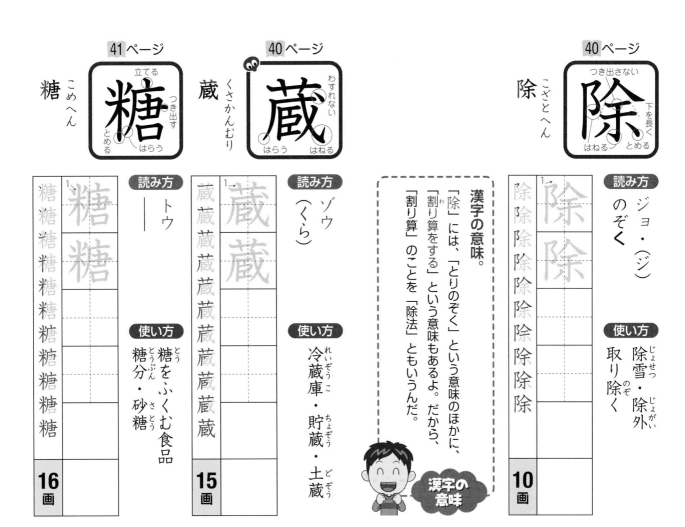

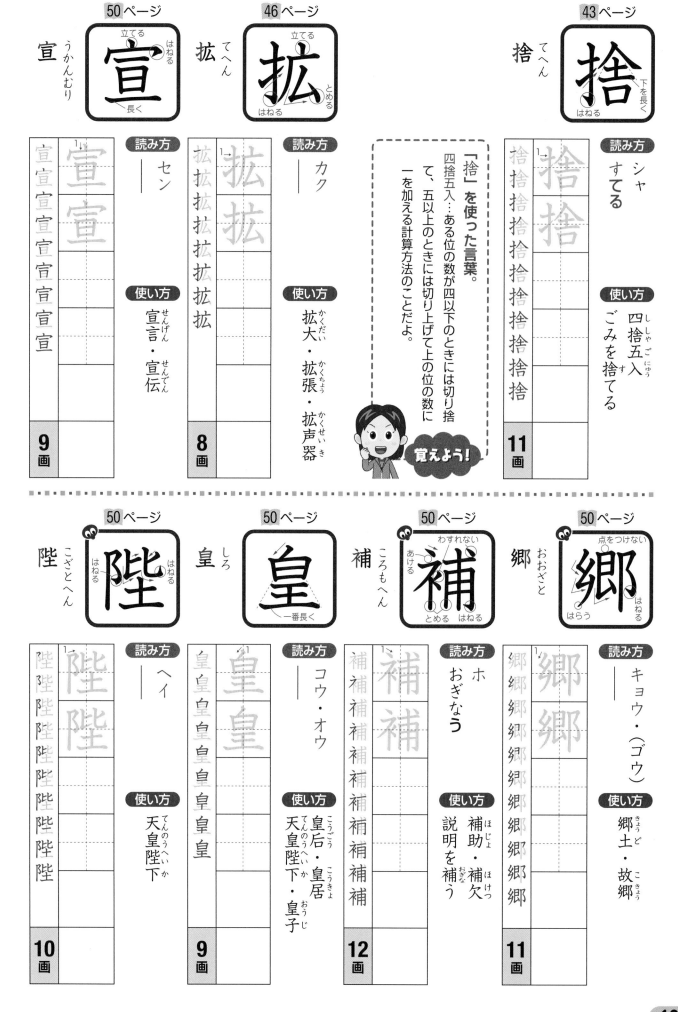

50ページ

捨 てへん

捨

立てる　はねる　下を長く

読み方

シャ

すてる

使い方

四捨五入《ししゃごにゅう》

ごみを捨《す》てる

11画

「捨」を使った言葉。

四捨五入…ある位の数が四以下のときには切り捨て、五以上のときには切り上げて上の位の数に一を加える計算方法のことだよ。

46ページ

拡 てへん

拡

立てる　はねる　とめる

読み方

カク

—

使い方

拡大《かくだい》・拡張《かくちょう》・拡声器《かくせいき》

8画

50ページ

宣 うかんむり

宣

立てる　はねる　長く

読み方

セン

—

使い方

宣言《せんげん》・宣伝《せんでん》

9画

50ページ

郷 おおざと

郷

点をつけない　はらう　はねる

読み方

キョウ・（ゴウ）

—

使い方

郷土《きょうど》・故郷《こきょう》

11画

50ページ

補 ころもへん

補

わすれない　あける　とめる　はねる

読み方

ホ

おぎなう

使い方

補助《ほじょ》・補欠《ほけつ》

説明を補《おぎな》う

12画

50ページ

皇 しろ

皇

一番長く

読み方

コウ・オウ

—

使い方

皇后《こうごう》・皇居《こうきょ》

天皇陛下《てんのうへいか》・皇子《おうじ》

9画

50ページ

陛 こざとへん

陛

はねる　はねる

読み方

ヘイ

—

使い方

天皇陛下《てんのうへいか》

10画

権
50ページ

権 きへん

(つき出さない・下を長く・とめる)

読み方：ケン・(ゴン)

使い方：三権《さんけん》・権利《けんり》・実権《じっけん》

15画

純
50ページ

純 いとへん

(つき出す・はねる・はらう・とめる)

読み方：ジュン

使い方：単純《たんじゅん》・純情《じゅんじょう》

10画

党
50ページ

党 ひとあし にんにょう

(はねる)

読み方：トウ

使い方：党首《とうしゅ》・党派《とうは》・政党《せいとう》

10画

后
50ページ

后 くち

(つき出さない)

読み方：コウ

使い方：皇后《こうごう》・皇太后《こうたいごう》

6画

傷
50ページ

傷 にんべん

(長く・はねる)

読み方：ショウ　きず　(いたむ)(いためる)

使い方：傷害《しょうがい》・軽傷《けいしょう》・負傷《ふしょう》　心の傷《きず》・傷口《きずぐち》

13画

厳
50ページ

厳 つかんむり

(はらう・はらう・つき出さない)

読み方：ゲン・(ゴン)　(おごそか)　きびしい

使い方：厳重《げんじゅう》・時間厳守《じかんげんしゅ》　厳《きび》しくしかる

17画

孝
50ページ

孝 こ

(長くはらう・下を長く・はねる)

読み方：コウ

使い方：孝行《こうこう》・親孝行《おやこうこう》

7画

新しい読み方を覚える漢字

41ページ　存《ゾン》　保存《ほぞん》

50　皇《コウ》　皇后《こうごう》

ものしりメモ　「后」には、「後ろ」という意味があり、そこから天皇の後ろにいる「きさき」を表すようになったんだよ。

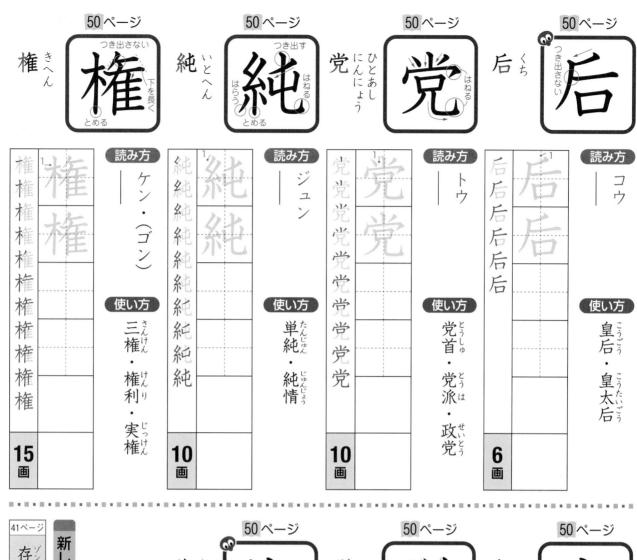

練習のワーク

アイスは暑いほどおいしい？ ――グラフの読み取り
雪は新しいエネルギー ――未来へつなぐエネルギー社会

教科書 上36～51ページ　答え 2ページ

勉強した日　月　日

1 新しい漢字を読みましょう。

① 36ページ 縦方向（　）の目もり。
② 38ページ 異常（　）気象が起こる。
③ 危機（　）がせまる。
④ やっかいな存在（　）。
⑤ 道路の除雪（　）。
⑥ 大きな冷蔵庫（　）。
⑦ 野菜を保存（　）する。

⑧ でんぷん質が糖（　）に変化する。
⑨ 雪国の地域（　）。
⑩ 名前が呼（　）ばれる。
⑪ 主要国首脳（　）会議を開く。
⑫ 三割（　）をまかなう。
⑬ 雪を捨（　）てる。
⑭ 多くの分野に拡大（　）する。

⑮ 安全宣言（　）をする。
⑯ 郷土（　）料理を味わう。
⑰ 補助（　）業務を行う。
⑱ 天皇陛下（　）のお言葉。
⑲ 皇后陛下（　）のご訪《ほう》問。
⑳ 党首（　）会談の様子。
㉑ 単純（　）明快な話。

㉒（　　）三権分立の仕組み。

㉓（　　）孝行息子《むすこ》に育つ。

㉔（　　）厳しい状況《きょう》。

㉕（　　）傷の手当て。

ここからはってん

✿㉖ 日本を（　　）縦断する。

✿㉗（　　）危ない道を通る。

✿㉘ ごみを取り（　　）除く。

✿㉙（　　）割り算の問題。

✿㉚（　　）四捨五入する。

✿㉛ 水分を（　　）補う。

✿㉜ 時間を（　　）厳守する。

✿㉝（　　）軽傷を負う。

❷ 新しい漢字を書きましょう。〔　〕は、送り仮名《がな》も書きましょう。

① 36ページ [たてほうこう]に書く。

② 38ページ [いじょう]な暑さ。

③ [きき]を乗り切る。

④ 大きな[そんざい]。

⑤ [じょせつ]作業が進む。

⑥ [れいぞうこ]を買う。

⑦ データを[ほぞん]する。

⑧ [とう]としぼうをひかえる。

⑨ 雨が多い[ちいき]。

⑩ 友達を〔よぶ〕。

⑪ 各国の[しゅのう]が集まる。

⑫ クラスの[さんわり]が休む。

✿の漢字は新出漢字の別の読み方です。

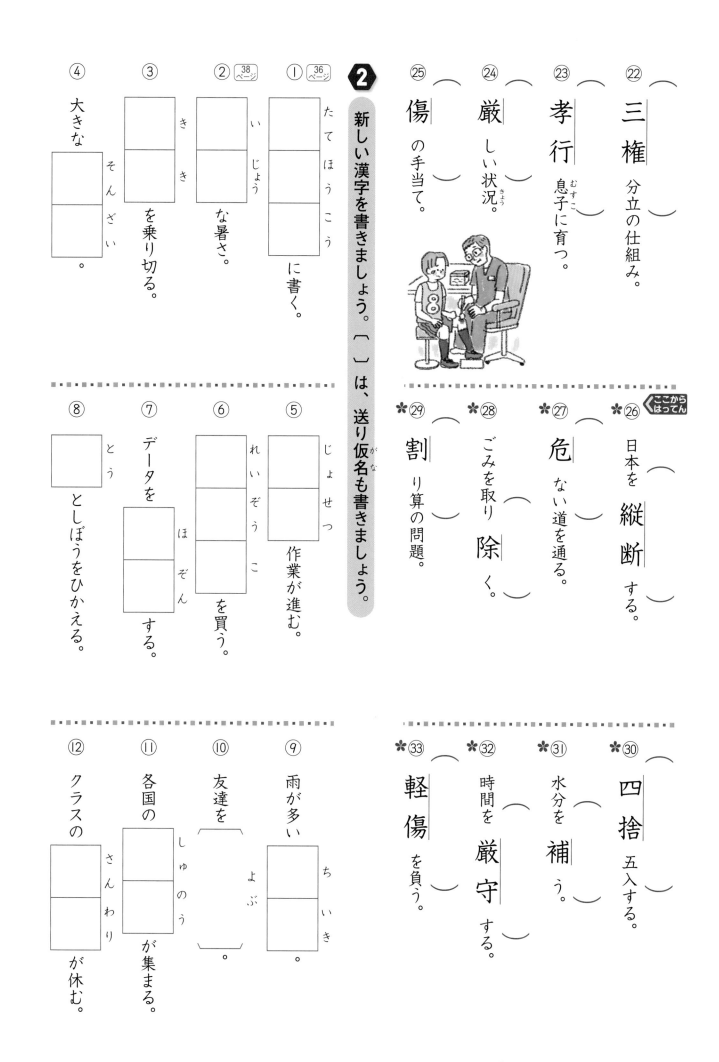

⑬ ごみを〔　　〕《すてる》。

⑭ □□《かくだい》してコピーする。

⑮ 独立を□□《せんげん》する。

⑯ □□《きょうど》料理を教わる。

⑰ 作業を□□《ほじょ》する。

⑱ □□□□《てんのうへいか》。

⑲ □□□□《こうごうへいか》。

⑳ 国会で□□《とうしゅ》が質問する。

㉑ □□《たんじゅん》めいかいなルール。

㉒ □□《さんけん》分立をまもる。

㉓ 親に□□《こうこう》する。

㉔ 〔　　〕《きびしい》暑さ。

㉕ □《きず》が治る。

ここからはってん

✿㉖ 大陸を□□《じゅうだん》する。

✿㉗ □《あぶ》ない場所をさける。

✿㉘ 雪を取り□《のぞ》く。

✿㉙ □《わ》り算で計算する。

✿㉚ □□《ししゃ》五入のやり方。

✿㉛ 欠員を□《おぎな》う。

✿㉜ しめ切りを□□《げんしゅ》する。

✿㉝ □□《けいしょう》ですむ。

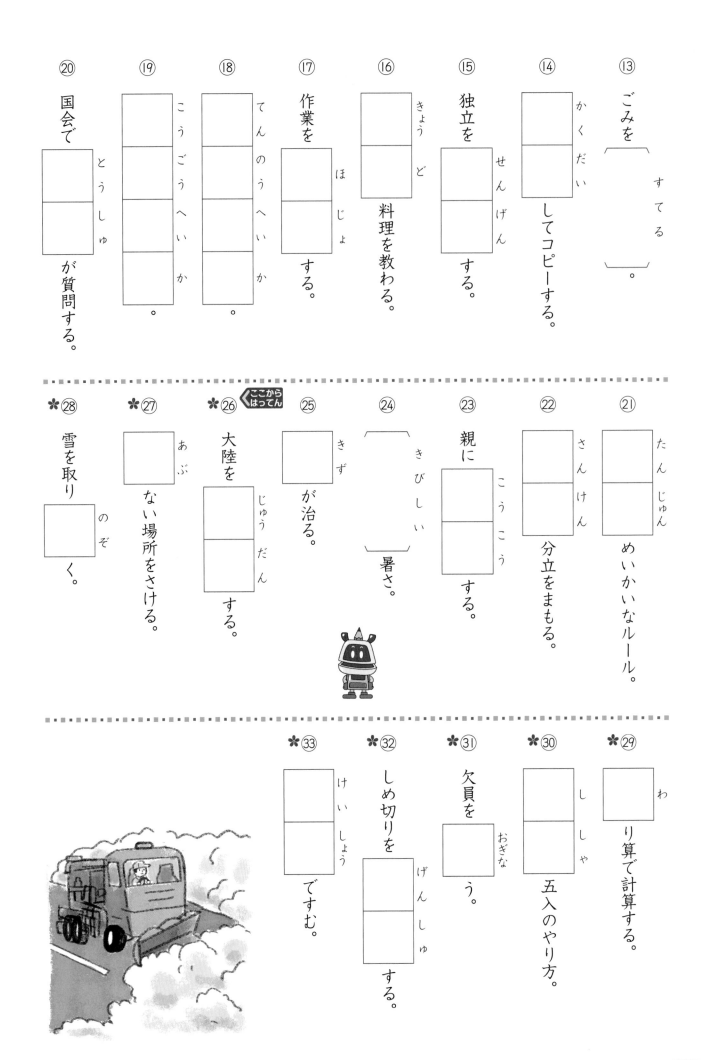

3 漢字で書きましょう。（〰は、送り仮《が》名《な》も書きましょう。太字は、この回で習った漢字を使った言葉です。）

① **たてほうこう**のグラフでしめす。

② **いじょう**なさむさがつづく。

③ ぜったいぜつめいの**きき**。

④ どうろの**じょせつ**をいそぐ。

⑤ ふるい**れいぞうこ**をしゅうりする。

⑥ ちょうきかん**ほぞん**する。

⑦ **ちいき**のじんこうが**さんわり**もへる。

⑧ じぶんのいえにゆうじんを**よぶ**。

⑨ ふたつのくにの**しゅのう**のしゃしん。

⑩ ちずを**かくだい**してひょうじする。

⑪ **きょうど**へのあいがつよい。

⑫ **てんのうへいか**と**こうごうへいか**。

⑬ **とうしゅ**かいだんがじつげんする。

⑭ **たんじゅん**めいかいなこうぞう。

⑮ **さんけん**ぶんりつのしくみをまなぶ。

基本のワーク

パネルディスカッション ――地域の防災

教科書 上52～57ページ

勉強した日 月 日

パネルディスカッション ――地域の防災

◆「読み方」の赤い字は教科書で使われている読みです。はまちがえやすい漢字です。

論

52ページ

論 ごんべん

あける はねる

読み方 ロン ―

使い方 論題《ろんだい》・論文《ろんぶん》・議論《ぎろん》

15画

「論」を使った言葉。

論より証拠《こ》…議論を重ねるより、証拠によって物事は明らかになるということ。

賛否《ぴ》両論……賛成と反対の両方の意見のこと。

覚えよう!

討

52ページ

討 ごんべん

あける はねる

読み方 トウ （うつ）

使い方 討論《とうろん》・検討《けんとう》

10画

難

53ページ

難 ふるとり

つき出さない とめる

読み方 ナン （かたい） むずかしい

使い方 避難《ひなん》・難問《なんもん》 難《むずか》しい言葉

18画

反対の意味の言葉。

難《むずか》しい ↔ 易《やさ》しい

「難」と「易」を組み合わせた「難易《なんい》」という熟語もあるよ。

覚えよう!

簡

55ページ

簡 たけかんむり

とめる はねる

読み方 カン ―

使い方 簡潔《かんけつ》・簡単《かんたん》

18画

練習のワーク

パネルディスカッション ——地域の防災

教科書 ㊤52～57ページ
答え 2ページ

勉強した日　　月　　日

1 新しい漢字を読みましょう。

① 52ページ 一つの（論題）。
② 代表が（討論）する。
③ （避《ひ》難）訓練をする。
④ （簡潔）に答える。
✿⑤ ここからはってん （難）しい問題。

2 新しい漢字を書きましょう。

① 52ページ □□《ろんだい》について話し合う。
② 英語で□□《とうろん》する。
③ すばやく避《ひ》□《なん》する。
④ □□《かんけつ》に説明する。

3 漢字で書きましょう。（～～は、送り仮名《がな》も書きましょう。太字は、この回で習った漢字を使った言葉です。）

① かいぎの**ろんだい**をけっていする。
② はくねつした**とうろん**となる。
③ はしることなくしずかに**ひなん**する。

✿の漢字は新出漢字の別の読み方です。

基本のワーク

言葉の文化② 雨／漢字の広場② 複数の意味をもつ漢字
五年生で学んだ漢字②

教科書 上62～68ページ

勉強した日　月　日

◆「読み方」の赤い字は教科書で使われている読みです。はまちがえやすい漢字です。

言葉の文化② 雨

63ページ

俳　にんべん

はらう　とめる

読み方
ハイ

使い方
俳句《はいく》・俳人《はいじん》・俳優《はいゆう》

10画

覚えよう!

「俳」を使った言葉。
俳句…五・七・五の十七音でできた短い詩のこと。季節を表す言葉（季語）をよみこんで作るんだよ。

63ページ

垂　つち

つき出す

読み方
スイ
たれる・たらす

使い方
垂直《すいちょく》・雨垂《あまだ》れ
布きれを垂《た》らす

8画

63ページ

源　さんずい

とめる　はらう　はねる

読み方
ゲン
みなもと

使い方
語源《ごげん》・資源《しげん》
勇気の源《みなもと》

13画

でき方

漢字のでき方。
源
原…「ゲン」の音《おん》と「みなもと」という意味を表す。
氵…「水」を表す。
「流れの始まるところ」という意味だよ。

漢字の広場② 複数の意味をもつ漢字

66ページ

姿　おんな

はねる　はらう　少し出す　×氵　長く　とめる

読み方
シ
すがた

使い方
姿勢《しせい》・容姿《ようし》
姿《すがた》を現す

9画

67ページ

針 かねへん

針

とめる

読み方

シン

はり

使い方

運針《うんしん》・方針《ほうしん》

針仕事《はりしごと》・針金《はりがね》

10画

「針」を使った言葉。

針小棒大《しんしょうぼうだい》…小さなことを大げさに言うこと。

「針」は小さいもの、「棒」は大きいもののたとえとして使われているよ。

67ページ

樹 きへん

樹

とめる　はねる

読み方

ジュ

―

使い方

針葉樹《しんようじゅ》・樹木《じゅもく》

16画

漢字の意味。

「樹」は、「立ち木」という意味があるよ。似た意味の「木」と組み合わせて、「樹木」という言葉になるね。ほかにも、「打ち立てる」という意味もあるから覚えておこう。

67ページ

預 おおがい

預

はねる　とめる

読み方

ヨ

あずける

あずかる

使い方

預金《よきん》・銀行に預《あず》ける

荷物を預《あず》かる

13画

67ページ

警 げん

警

はねる　はらう　長く

読み方

ケイ

―

使い方

警察署《けいさつしょ》・警告《けいこく》・警報《けいほう》

19画

67ページ

署 あみがしら よこめ

署

×四　長くはらう　下を長く

読み方

ショ

―

使い方

警察署《けいさつしょ》・署名《しょめい》

13画

同じ読み方で形の似ている漢字。

署 (ショ)…役所。書き記す。例 署長・署名

暑 (ショ)…あつい。例 暑中見まい

ものしりメモ

「姿」は、「シ」の音と「ととのえる」という意味を表す「次」と、「おんなの人」を表す「女」からできていて、女の人が身を整えた「すがた」を表すんだ。

勤

67ページ

勤 ちから

つき出さない　はねる

読み方

キン・（ゴン）
つと**める**・つと**まる**

使い方

勤務《きんむ》・工場に勤《つと》める
仕事が勤《つと》まる

12画

注意！

同じ読み方の漢字。
勤《つと》める…勤務する。例 会社に勤める。
務《つと》める…自分の役目を果たす。例 司会を務める。
努《つと》める…力をつくす。努力する。例 解決に努める。

我

67ページ

我 ほこづくり ほこがまえ

わすれない　はねる

読み方

（ガ）
われ・（わ）

使い方

我々《われわれ》・我《われ》に返る

7画

覚えよう！

「我」を使った言葉。
我を忘《わす》れる…心をうばわれてぼんやりする。夢中になる。
我に返る……ぼんやりしていたのが、正気に返る。

操

67ページ

操 てへん

少し大きく　はらう　はねる　とめる

読み方

ソウ
（みさお）
（あやつ**る**）

使い方

操作《そうさ》・操縦《そうじゅう》・体操《たいそう》

16画

裁

67ページ

裁 ころも

わすれない　立てる　はねる　とめる

読み方

サイ
（た**つ**）・さば**く**

使い方

裁断《さいだん》・裁判所《さいばんしょ》
人を裁《さば》く

12画

臨

67ページ

臨 しん

はじめに書く　少し大きく

読み方

リン
（のぞ**む**）

使い方

臨時《りんじ》・君臨《くんりん》・臨海学校《りんかいがっこう》

18画

新しい読み方を覚える漢字

67ページ
針《シン》
運針《うんしん》

ものしりメモ
「裁」には、「布を切って衣服を仕立てる」という意味があって、「裁断」「和裁」などと使うよ。「さばく」という意味もあるから、「裁判」「仲《ちゅう》裁」などとも使われるね。

練習のワーク

言葉の文化②　雨／漢字の広場②　複数の意味をもつ漢字　五年生で学んだ漢字②

教科書 上62～68ページ　答え 2ページ

勉強した日　月　日

1 新しい漢字を読みましょう。

① 62ページ 俳句（　）をよむ。

② 雨垂（　）れ石をうがつ。

③ 「梅雨《つゆ》」の語源（　）を知る。

④ 66ページ ぞうの大きな姿（　）。

⑤ 針仕事（　）をする。

⑥ 運針（　）の練習。

⑦ 針葉樹（　）がしげる。

⑧ 銀行にお金を預（　）ける。

⑨ 警察署（　）で働く。

⑩ 市役所に勤務（　）している。

⑪ 我々（　）でもできる実験。

⑫ 操作（　）方法を理解する。

⑬ 布地を裁断（　）する。

⑭ 臨時（　）列車が走る。

ここからはってん

✿⑮ 国道に垂直（　）に交わる道。

✿⑯ 牛乳《にゅう》が元気の源（　）だ。

✿⑰ 美しい姿勢（　）。

✿⑱ 預金（　）の残高を調べる。

✿⑲ 父の勤（　）める会社。

✿⑳ 人の罪を裁（　）く。

✿の漢字は新出漢字の別の読み方です。

2 あたらしい漢字を書きましょう。〔　〕は、送り仮名《がな》も書きましょう。

① 62ページ □□《はいく》をつくる。

② 〔　〕《あまだれ》の音。

③ 花の名の□□《ごげん》を知る。

④ 66ページ □《すがた》を見せる。

⑤ □□□《はりしごと》は楽しい。

⑥ □□《うんしん》のやり方。

⑦ □□□《しんようじゅ》の森。

⑧ 荷物を〔　〕《あずける》。

⑨ □□□《けいさつしょ》までの地図。

⑩ □□《きんむ》時間を過ぎる。

⑪ □□《われわれ》のいけんを伝える。

⑫ 機械を□□《そうさ》する。

⑬ 紙を□□《さいだん》する。

⑭ □□《りんじ》職員となる。

ここから はってん

✿⑮ □□《すいちょく》な線を引く。

✿⑯ 勇気の□《みなもと》。

✿⑰ □□《しせい》を正す。

✿⑱ □□《よきん》通帳を見る。

✿⑲ 郵便局に□《つと》める。

✿⑳ 罪人を□《さば》く。

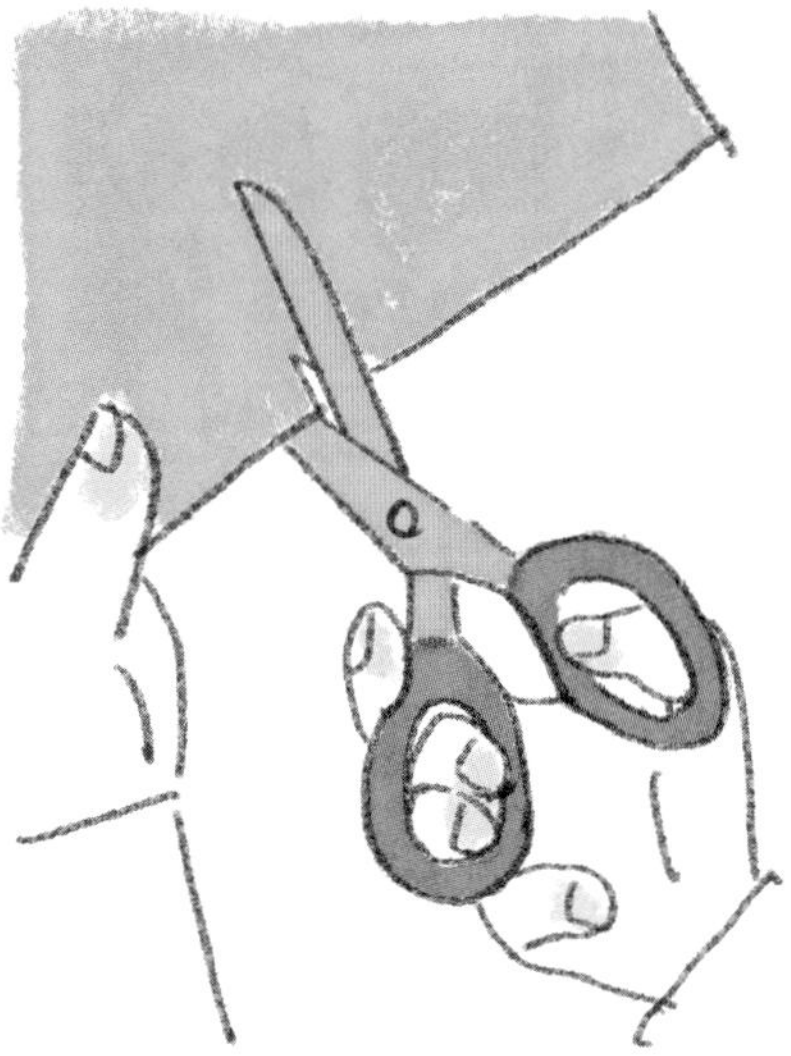

3 漢字で書きましょう。（〰は、送り仮名も書きましょう。太字は、この回で習った漢字を使ったことばです。）

① **はいく**にあきの**きご**をいれる。

② ことばのいがいな**ごげん**におどろく。

③ はははり**しごと**がとくいだ。

④ **けいさつしょ**でみちじゅんをきく。

⑤ **りんじ**でとしょかんに**きんむ**する。

⑥ しんせいひんの**そうさ**をおぼえる。

4 五年生で学んだ漢字

五年生で習った漢字を書きましょう。〔　〕は、送り仮名も書きましょう。

① 書類を□□《ていしゅつ》する。

② □□□《せっけいず》を見る。

③ 建物の□□《もけい》。

④ できごとを□□《かてい》する。

⑤ 正しさを□□《しょうめい》する。

⑥ □□《りゃくず》を見せる。

⑦ □□《しりょう》を集める。

⑧ 昨年と〔　　〕《くらべる》。

⑨ □□《へいきん》の売り上げ。

⑩ □□《こうりつ》よく動く。

⑪ 野生動物の□□《じったい》。

⑫ 人数が□□《げんしょう》する。

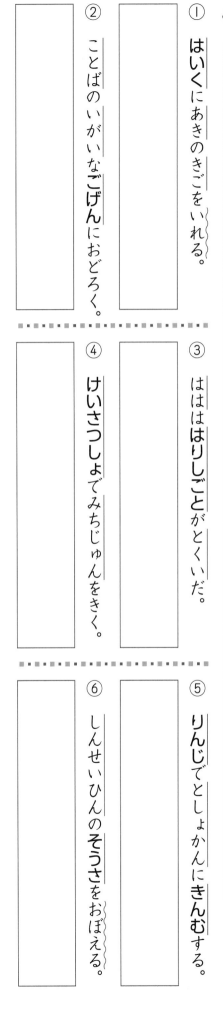

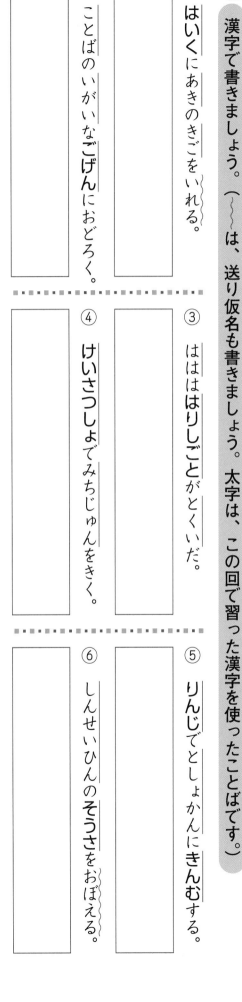

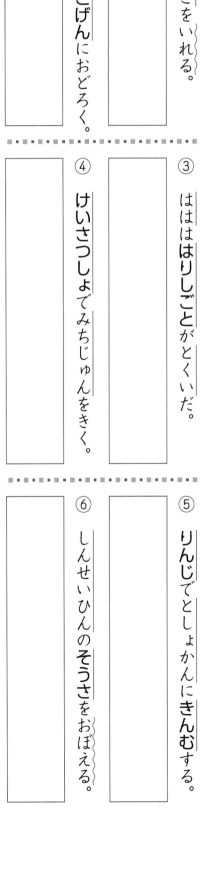

⑬ □□《ぎじゅつ》をみがく。

⑭ 長さを□□《そくてい》する。

⑮ たくさん〔　《あまる》〕。

⑯ □□□□《じこぼうし》。

⑰ パイプが□□《はそん》する。

⑱ □□《げんかい》まで動かす。

⑲ □□《あつりょく》をかける。

⑳ エンジンが□□《ていし》する。

㉑ □□《さんそ》と反応する。

㉒ □□《えきたい》を〔　《まぜる》〕。

㉓ 大きな□□《ようき》に入れる。

㉔ □□《ねんりょう》を追加する。

㉕ 機械の□□《こうぞう》。

㉖ すぐに□□《しゅうり》する。

㉗ ロボットの□□《ふくざつ》な動き。

㉘ □□《せいひん》の□□《けんさ》。

㉙ □□《きそく》を守る。

㉚ 港から□□《しゅっこう》する。

㉛ □□《ゆしゅつ》の量が増える。

㉜ 海外と□□《ぼうえき》をする。

㉝ □□□《こくさいてき》な活動。

㉞ □□《りえき》が上がる。

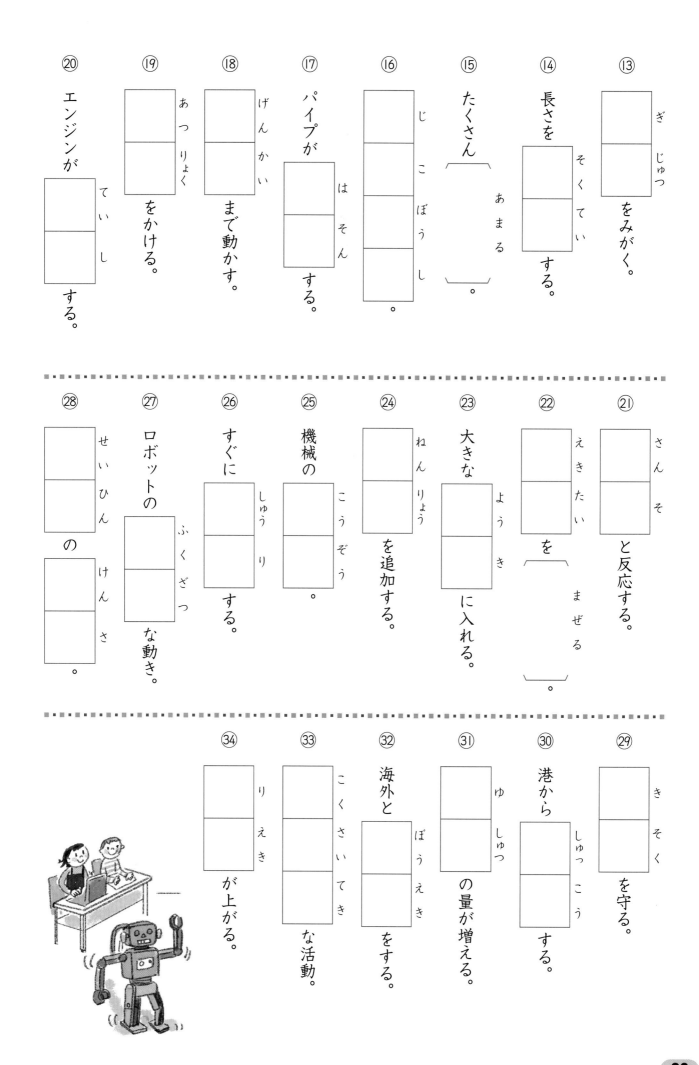

四　表現が読み手にあたえる効果について考えよう

基本のワーク

川とノリオ
読書の広場①
地域の施設《し》を活用しよう

教科書 ㊤70～93ページ

勉強した日　月　日

◆「読み方」の赤い字は教科書で使われている読みです。●はまちがえやすい漢字です。

川とノリオ

71ページ
若　くさかんむり　若（長く）

読み方：（ジャク）（ニャク）　わかい　（もしくは）

使い方：若《わか》い木・若葉《わかば》・若者《わかもの》

8画

71ページ
洗　さんずい　洗（下を長く・はねる）

読み方：セン　あらう

使い方：洗《せん》ざい・洗面器《せんめんき》・皿を洗《あら》う・手洗《てあら》い

9画

「洗」を使った言葉。
洗顔・洗面……どちらも顔をあらうこと。
洗練……人がらや文章などをみがいて、上品ですぐれたものにすること。

72ページ
映　ひへん　映（つき出す・はらう）

読み方：エイ　うつる・うつす　（はえる）

使い方：映画《えいが》・映像《えいぞう》・鏡に映《うつ》る　スライドを映《うつ》す

9画

73ページ
片　かた　片（つき出す・はらう）

読み方：（ヘン）　かた

使い方：片一方《かたいっぽう》・片側《かたがわ》・片方《かたほう》

4画

漢字のでき方。

「片」は、木を縦に半分に切った右側の形からできた漢字で、「かたほう・切れはし」の意味を表すよ。

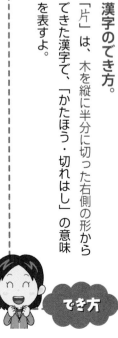

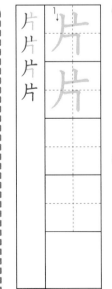

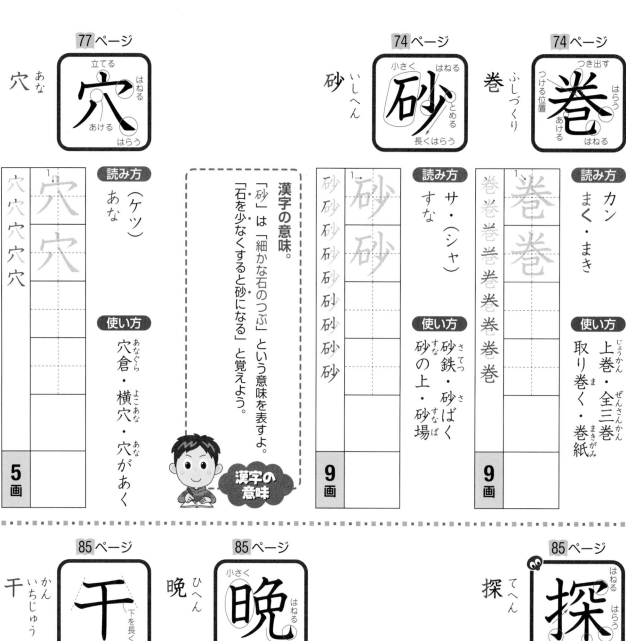

74ページ

巻

巻　ふしづくり

つき出す　つける位置　はらう　あける　はねる

読み方
カン
まく・まき

使い方
上巻《じょうかん》・全三巻《ぜんさんかん》
取り巻《ま》く・巻紙《まきがみ》

9画

74ページ

砂

砂　いしへん

小さく　はねる　とめる　長くはらう

読み方
サ・（シャ）
すな

使い方
砂鉄《さてつ》・砂《さ》ばく
砂《すな》の上・砂場《すなば》

9画

漢字の意味。
「砂」は「細かな石のつぶ」という意味を表すよ。
「石を少なくすると砂になる」と覚えよう。

77ページ

穴

穴　あな

立てる　はねる　あける　はらう

読み方
（ケツ）
あな

使い方
穴倉《あなぐら》・横穴《よこあな》・穴《あな》があく

5画

85ページ

探

探　てへん

はねる　はらう　はねる　とめる

読み方
タン
（さぐる）・さがす

使い方
探求《たんきゅう》・探検《たんけん》・探知《たんち》
辞典で探《さが》す

11画

同じ読み方の言葉。
探究《たんきゅう》…物事の本質を明らかにしようとすること。
例　真理を探究する。
探求《たんきゅう》…さがしもとめること。
例　幸福を探求する。

85ページ

晩

晩　ひへん

小さく　はねる

読み方
バン
―

使い方
幾晩《いくばん》・晩年《ばんねん》・今晩《こんばん》

12画

85ページ

干

干　かん　いちじゅう

下を長く

読み方
カン
ほす・（ひる）

使い方
干害《かんがい》・干潮《かんちょう》
干《ほ》し草・服を干《ほ》す

3画

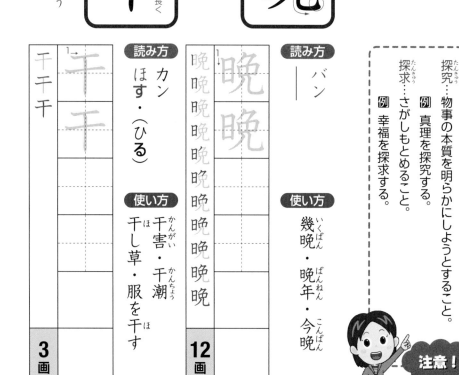

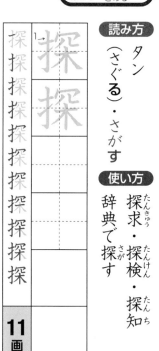

90ページ

穀 のぎへん

読み方
コク
―

使い方
穀雨《こくう》・穀倉地帯《こくそうちたい》

14画

90ページ

至 いたる

読み方
シ
いたる

使い方
夏至《げし》・至急《しきゅう》
山頂《ちょう》に至《いた》る

6画

部首に注意。
「至」の部首は、一文字全体で「至」だよ。でも、「室」や「屋」の部首は「至」ではなく、「室」は「宀」(うかんむり)、「屋」は「尸」(かばね・しかばね)だよ。

90ページ

恩 こころ

読み方
オン
―

使い方
恩《おん》に着る・恩返《おんがえ》し

10画

90ページ

舌 した

読み方
(ゼツ)
した

使い方
舌《した》を巻く・舌《した》つづみ

6画

「舌」を使った言葉。
舌が回る…よく話す。口が達者である。
舌を出す…相手をばかにする。自分の失敗をはじたり、照れたりするしぐさ。
舌を巻く…とてもおどろき、感心する。

90ページ

射 すん

読み方
シャ
いる

使い方
注射《ちゅうしゃ》・発射《はっしゃ》・反射《はんしゃ》
矢を射《い》る

10画

「射」を使った言葉。
的を射る…うまく要点をとらえる。
例 的を射た意見。

ものしりメモ
「干」(カン)は「千」(セン)と形がよく似ているね。正しい書き方で区別しよう。一画めのちがいがポイント。「干」は左から右へ、「千」は右から左下へ書くよ。

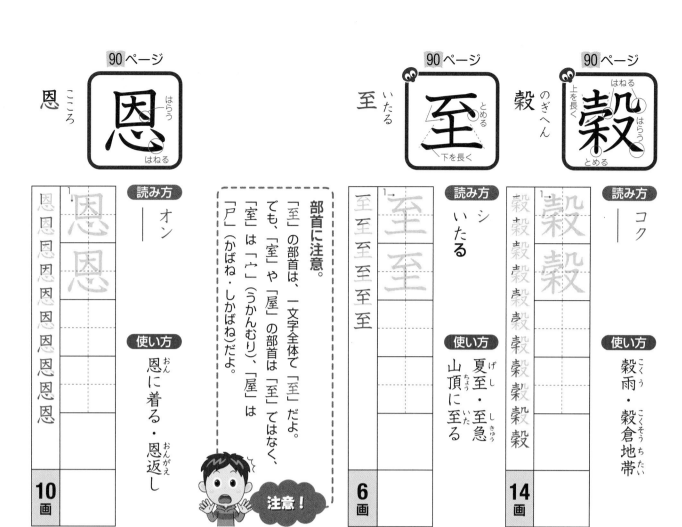

90ページ

座 まだれ

読み方

ザ
（すわる）

使い方

座《ざ》がしらける・座席《ざせき》

10画

90ページ

欲 あくび

読み方

ヨク
（ほっする）（ほしい）

使い方

欲《よく》に目がくらむ・食欲《しょくよく》

11画

漢字の意味。

「欲」は、「何かをほしがることやほしいと思う気持ち」を表すよ。

「欲を言えば……」「欲が深い」などと使うね。

読書の広場① 地域の施《し》設を活用しよう

93ページ

届 しかばね かばね

読み方

――
とどける・とどく

使い方

手紙を届《とど》ける
手が届《とど》く

8画

93ページ

訪 ごんべん

読み方

ホウ
（おとずれる）
たずねる

使い方

訪問《ほうもん》・来訪《らいほう》
家を訪《たず》ねる

11画

漢字のでき方。

訪

方…「ホウ」の音《おん》と「四方」を表す。
言…「ことば」を表す。

「あちこちたずねること」を表すよ。

例 外国を訪ねる。親せきの家を訪ねる。

新しい読み方を覚える漢字

86ページ
映《うつ》す
映《うつ》す

ものしりメモ

「届」の送り仮名《がな》は、「届ける」「届く」だけど、「欠席届《とどけ》」のように、決まった書式を表すときは、送り仮名をつけないよ。

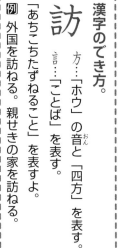

練習のワーク

川とノリオ
読書の広場①　地域の施設《し》を活用しよう

教科書 上70〜93ページ
答え 3ページ

勉強した日　月　日

1 新しい漢字を読みましょう。

① 70ページ 若（　）いやなぎの木。
② よごれ物を洗（　）う。
③ 目に映（　）る。
④ 片一方（　）のげた。
⑤ 体を取り巻（　）く流れ。
⑥ 砂（　）の上に引き上げる。
⑦ 穴倉（　）に入る。
⑧ 歩いて探（　）す。
⑨ 火が幾《いく》晩（　）も燃える。
⑩ 干（　）し草をかる。
⑪ 青い空を映（　）す。
⑫ 穀雨（　）の時期になる。
⑬ 夏《げ》至（　）が過ぎる。
⑭ 恩（　）に着る。
⑮ 舌（　）を巻く。
⑯ 的を射（　）る。
⑰ 座（　）がしらける。
⑱ 欲（　）に目がくらむ。
⑲ 92ページ 家まで届（　）ける。
⑳ 地域の施設を訪（　）ねる。
✿㉑ ここからはってん 黄色い洗面器（　）。

✿の漢字は新出漢字の別の読み方です。

＊㉒（上巻）を読み終える。

＊㉓白い（巻紙）に書く。

＊㉔（砂鉄）がくっつく。

＊㉕（干害）に見まわれる。

＊㉖現在に（至）る。

＊㉗鏡に（反射）する。

2 新しい漢字を書きましょう。〔　〕は、送り仮名《がな》も書きましょう。

①（70ページ）〔　　〕《わかい》人の集まり。

② 皿を〔　　〕《あらう》。

③ かがみに〔　　〕《うつる》。

④ 手ぶくろの□□□《かたいっぽう》。

⑤ 自分を取り〔　　〕《まく》人々。

⑥ □《すな》で城を作る。

⑦ □□《あなぐら》をほる。

⑧ ペンを〔　　〕《さがす》。

⑨ 旅館に幾《いく》□《ばん》もとまる。

⑩ ズボンを〔　　〕《ほす》。

⑪ 画面に〔　　〕《うつす》。

⑫ □□《こくう》の前に種をまく。

⑬ 今日は夏《げ》□《し》だ。

⑭ □《おん》をあだで返す。

⑮ □《した》がはれて赤くなる。

⑯ 弓矢を〔　　〕《いる》。

⑰ トップの□《ざ》をゆずる。

⑱ □《よく》が深い人。

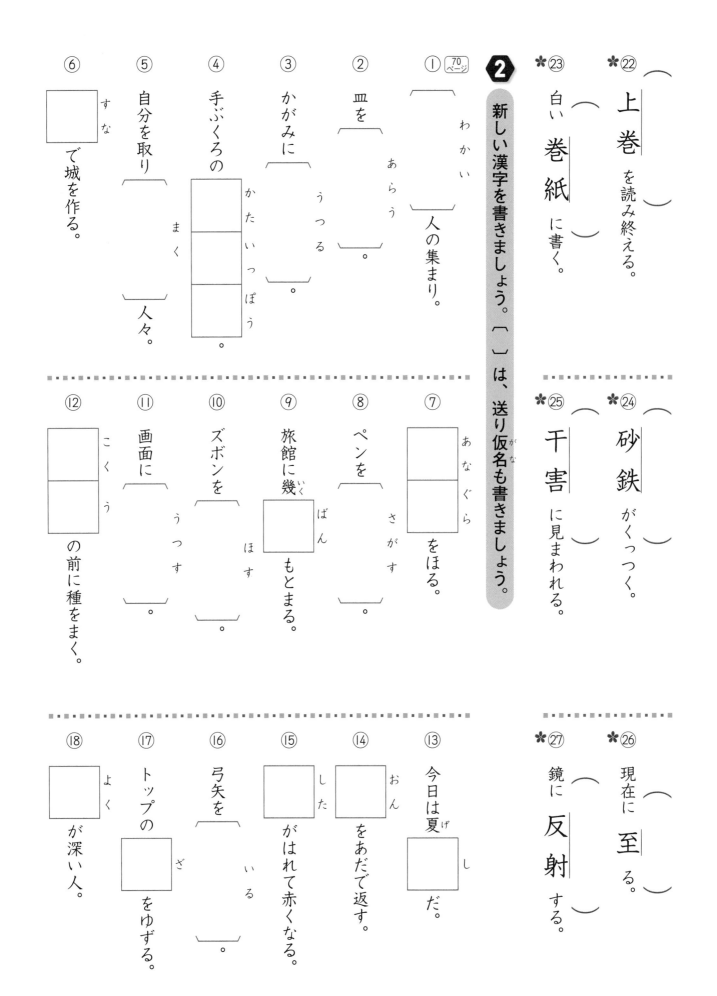

⑲ 92ページ 荷物を［　　］《とどける》。

⑳ 母校を［　　］《たずねる》。

ここから はってん

✿㉑ □□□《せんめんき》を使う。

✿㉒ 小説の□□《じょうかん》を借りる。

✿㉓ □□《さてつ》を集める。

✿㉔ 水に□□《はんしゃ》する。

3 漢字で書きましょう。（〰は、送り仮名も書きましょう。太字は、この回で習った漢字を使った言葉です。）

① **すな**でよごれたふくを**あらう**。

② くつの**かたいっぽう**をひろう。

③ うでに**まく**ぬのを**さがす**。

④ **あなぐら**でいく**ばん**もすごす。

⑤ おくないにしたぎを**ほす**。

⑥ おせわになった**おん**をかんじる。

⑦ **した**のうごきをかがみでみる。

⑧ とおくにあるまとを**いる**。

⑨ しゅやくの**ざ**をてにいれる。

⑩ たいりょうにほしいと**よく**をかく。

夏休み まとめのテスト①

教科書 上 14〜93ページ　答え 3ページ

時間 20分

得点　　/100点

勉強した日　月　日

1

――線の漢字の読み方を書きましょう。　一つ2（28点）

① 家の裏（　）から幼（　）い弟の声がする。

② 昼間は暖（　）かいが夕暮（　）れ時は寒くなる。

③ 将来（　）は国際的な演奏会（　）に出たい。

④ 電車賃（　）と入場券（　）の代金がいる。

⑤ 混乱（　）を予想して対策（　）を立てる。

⑥ 地域（　）の人が協力して除雪（　）作業をする。

⑦ 天皇陛下（　）が開会を宣言（　）する。

2

□は漢字を、〔　〕は漢字と送り仮名《がな》を書きましょう。　一つ2（28点）

① □□《せすじ》をのばす。

② 勇気を〔　　〕《ふるう》。

③ □《はい》を集める。

④ □《わたし》の名前。

⑤ 四字□□《じゅくご》。

⑥ □□□《ききんぞく》。

⑦ □□□《ぼうじしゃく》。

⑧ □□《じこ》満足する。

⑨ 下水の□□《しょり》。

⑩ □□《きき》いっぱつ。

⑪ □□《かくだい》した図。

⑫ □□《たんじゅん》な考え。

⑬ □□《さんけん》分立。

⑭ 手の□《きず》が治る。

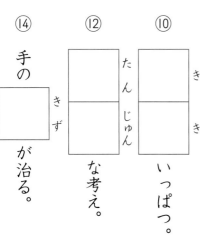

3 次のじゅくごの構成をア〜エから選び、（　）に記号で答えましょう。 一つ2（12点）

① 一進一退（　）　② 諸問題（　）
③ 中間層（　）　④ 松竹梅（　）
⑤ 郵便配達（　）　⑥ 水蒸気（　）

ア　一字の語が並ぶ。
イ　一字と二字の語が結びつく。
ウ　二字と一字の語が結びつく。
エ　二字と二字の語が結びつく。

4 次の漢字の部首名を（　）に書き、何に関係する部首かをア〜エから選び、□に記号で答えましょう。 両方できて一つ2（8点）

① 源（　）□
② 座（　）□
③ 脳（　）□
④ 呼（　）□

ア　いえ
イ　からだ
ウ　みず
エ　くち

5 次の漢字の二通りの読み方を書きましょう。 一つ2（20点）

① 縦
1 四角形の縦長の辺を測る。（　）
2 島を縦断する。（　）

② 存
1 目立つ存在。（　）
2 常温で保存する。（　）

③ 模
1 模造紙に書く。（　）
2 大規模工事が始まる。（　）

④ 砂
1 砂場で遊ぶ。（　）
2 砂金がとれる場所。（　）

⑤ 針
1 大まかな方針を決める。（　）
2 針金を使って工作する。（　）

6 次の漢字の筆順で、正しいほうに○をつけましょう。 一つ2（4点）

① 降
ア（　）　⁊ ３ 阝 阝夂 陉 降
イ（　）　丨 阝 阝夂 降 陉 降

② 遺
ア（　）　丶 冖 中 串 貴 貴 遺
イ（　）　丶 辶 辶 辶中 辶串 遺 遺

夏休み まとめのテスト②

教科書 上14～93ページ

答え 3ページ

時間20分

得点 /100点

勉強した日 月 日

1 ――線の漢字の読み方を書きましょう。 一つ2（28点）

① 避《ひ》難（　）のしかたについて討論（　）する。

② 雨垂（　）れの様子を俳句（　）によむ。

③ 制服姿（　）の運転士がハンドルを操作（　）する。

④ 臨時（　）ニュースがテレビに映（　）る。

⑤ 若（　）い馬が干（　）し草を食べる。

⑥ 砂（　）がついたくつを洗（　）う。

⑦ 穴倉（　）にある道具から使える物を探（　）す。

2 □は漢字を、〔　〕は漢字と送り仮名《がな》を書きましょう。 一つ2（28点）

① □□《ごげん》を調べる。

② □□□《はりしごと》。

③ 金を〔　〕《あずける》。

④ □□□《けいさつしょ》。

⑤ □□《われわれ》の願い。

⑥ □□□《かたいっぽう》。

⑦ 幾《いく》□《ばん》も過ごす。

⑧ □□《こくう》のころ。

⑨ □《おん》にむくいる。

⑩ 口から□《した》を出す。

⑪ 王の□《ざ》につく。

⑫ □《よく》が出る。

⑬ 花を〔　〕《とどける》。

⑭ 友人を〔　〕《たずねる》。

3 ――線の言葉を、漢字と送り仮名で書きましょう。 一つ2(8点)

① 列の後ろにならぶ。
② 欠員をおぎなう。
③ きびしい練習をする。
④ ごみ箱に紙をすてる。

4 次の漢字の使い方で、正しいほうに〇をつけましょう。 一つ2(8点)

① 田中さんは{ア( )高校 イ( )孝行}な息子《むすこ》だ。
② あまいものは{ア( )糖分 イ( )当分}食べたくない。
③ 平均点{ア( )異常 イ( )以上}を目指す。
④ ルールを{ア( )簡潔 イ( )完結}に説明する。

5 □に同じ訓読みをする漢字を書きましょう。 一つ2(8点)

① 1 □《あたた》かい日。 2 □《あたた》かい心。
② 1 道の□《かた》側。 2 服の□《かた》紙。

6 次の漢字を使った言葉は、それぞれどのような意味で使われていますか。ア〜カから一つ選び、( )に記号で答えましょう。 一つ2(12点)

① 射 1 注射( ) 2 発射( )
② 至 1 至急( ) 2 夏至《げし》( )
③ 裁 1 裁断( ) 2 裁判( )

ア 勢いよく出る
イ 布を切る
ウ きわめて
エ さばく
オ さす
カ いたる

7 次の漢字の総画数を、( )に数字で書きましょう。 一つ2(8点)

① 蔵( )画
② 郷( )画
③ 巻( )画
④ 樹( )画

基本のワーク

聞かせて！「とっておき」の話／言葉の文化③「知恵《え》の言葉」を集めよう

あなたは作家／言葉の広場③ なぜ、わかり合えなかったのかな？

漢字の広場③ 熟語の使い分け／五年生で学んだ漢字③

教科書 上 96～115ページ

勉強した日 月 日

聞かせて！「とっておき」の話／言葉の文化③「知恵の言葉」を集めよう／あなたは作家

96ページ

班 おうへん たまへん

班（はらう）

読み方 ハン ―

使い方 三班《さんぱん》・班長《はんちょう》

10画

101ページ

痛 やまいだれ

痛（立てる・はらう・はねる）

読み方 ツウ いたい・いたむ いためる

使い方 頭痛《ずつう》・頭が痛《いた》い 足の痛《いた》み・むねを痛《いた》める

12画

103ページ

装 ころも

装（上を長く・立てる・はらう）

読み方 ソウ・(ショウ) (よそおう)

使い方 服装《ふくそう》・装置《そうち》・装着《そうちゃく》

12画

105ページ

視 みる

視（あける・はねる・とめる）

読み方 シ ―

使い方 視点《してん》・視力《しりょく》・無視《むし》

11画

107ページ

宇 うかんむり

宇（立てる・はねる・下を長く・はねる）

読み方 ウ ―

使い方 宇宙船《うちゅうせん》・宇宙《うちゅう》

6画

107ページ

宙 うかんむり

宙（立てる・はねる・つき出す）

読み方 チュウ ―

使い方 宇宙船《うちゅうせん》・宙《ちゅう》づり

8画

言葉の広場③ なぜ、わかり合えなかったのかな？

111ページ

誤 ごんべん 誤

あける／少しあける

読み方：ゴ　あやまる

使い方：誤解《ごかい》・誤差《ごさ》・誤報《ごほう》　書き誤《あやま》る

誤誤誤誤誤誤誤誤誤誤誤誤誤誤

14画

漢字の意味。
「誤《あやま》る」は、「まちがえる」という意味。「字を誤る」などのように使うよ。
「ごめんなさい」とあやまる意味ではないから、気をつけよう。

漢字の広場③ 熟語の使い分け

112ページ

収 また 収

あける／はらう

読み方：シュウ　おさ**める**・おさ**まる**

使い方：回収《かいしゅう》・勝利を収《おさ》める　さわぎが収《おさ》まる

収収収収

4画

113ページ

冊 どうがまえ けいがまえ 冂

つき出さない／つき出す／つき出す／はねる

読み方：サツ・（サク）　—

使い方：冊数《さっすう》・冊子《さっし》・別冊《べっさつ》

冊冊冊冊冊

5画

113ページ

推 てへん 推

はねる

読み方：スイ　（お**す**）

使い方：推測《すいそく》・推定《すいてい》

推推推推推推推推推推推

11画

似た意味を表す言葉。
推察——推測——推理
どれも、「わかっていることをもとにして、こうではないかと考えること」という意味の言葉だよ。

114ページ

段 るまた 段

はねる／つき出す／はらう

読み方：ダン　—

使い方：手段《しゅだん》・段階《だんかい》・階段《かいだん》

段段段段段段段段段

9画

新しい読み方を覚える漢字

101ページ

痛《いた》い　痛《いた》い

ものしりメモ　「痛む」は、「心や体が痛いと感じる」ときに使うよ。「物や食べ物がだめになる」というときの「いたむ」は別の漢字を使うから、まちがえないようにね。

練習のワーク

聞かせて！「とっておき」の話／言葉の文化③「知恵《え》の言葉」を集めよう
あなたは作家／言葉の広場③　なぜ、わかり合えなかったのかな？
漢字の広場③　熟語の使い分け／五年生で学んだ漢字③

教科書　上96～115ページ　答え　4ページ

勉強した日　月　日

1 新しい漢字を読みましょう。

① 96ページ　グループを三班（　　）作る。

② 100ページ　痛（　　）みをやわらげる。

③ 痛（　　）いところをさする。

④ 102ページ　服装（　　）に着目する。

⑤ 読者の視点（　　）。

⑥ 宇宙船（　　）に乗った気分。

⑦ 108ページ　誤解（　　）が生まれる。

⑧ 112ページ　書類を回収（　　）する。

⑨ 本の貸し出し冊数（　　）。

⑩ 起きたことを推測（　　）する。

⑪ 手段（　　）を選ばない。

✿⑫ ここからはってん　頭痛（　　）が治まる。

✿⑬ 字を書き誤（　　）る。

✿⑭ 箱に収（　　）める。

2 新しい漢字を書きましょう。〔　〕は、送り仮名《がな》も書きましょう。

① 96ページ　四人組が□□（さんぱん）できる。

② 100ページ　〔　　　〕（いたみ）が増す。

③ 足が〔　　　〕（いたい）。

✿の漢字は新出漢字の別の読み方です。

④ 102ページ

はなやかな □□《ふくそう》。

⑤ □□《してん》を変える。

⑥ 小さな □□□《うちゅうせん》。

⑦ 108ページ

□□《ごかい》をとく。

⑧ 112ページ

ごみを □□《かいしゅう》する。

⑨ 本の □□《さっすう》を数える。

⑩ 原因を □□《すいそく》する。

⑪ 有効な □□《しゅだん》を考える。

ここから はってん

✿⑫ 昨日から □□《ずつう》がする。

✿⑬ 読み方を □《あやま》る。

✿⑭ カメラに □《おさ》める。

3 漢字で書きましょう。（～～は、送り仮名も書きましょう。太字は、この回で習った漢字を使った言葉です。）

① **さんぱん**にはだんしがよにんいる。

② あさからせなかの**いたみ**がつづく。

③ きおんにあう**ふくそう**をえらぶ。

④ あらたな**してん**でものごとをみる。

⑤ **うちゅうせん**をそうぞうしてかく。

⑥ **ごかい**をまねくおこないはしない。

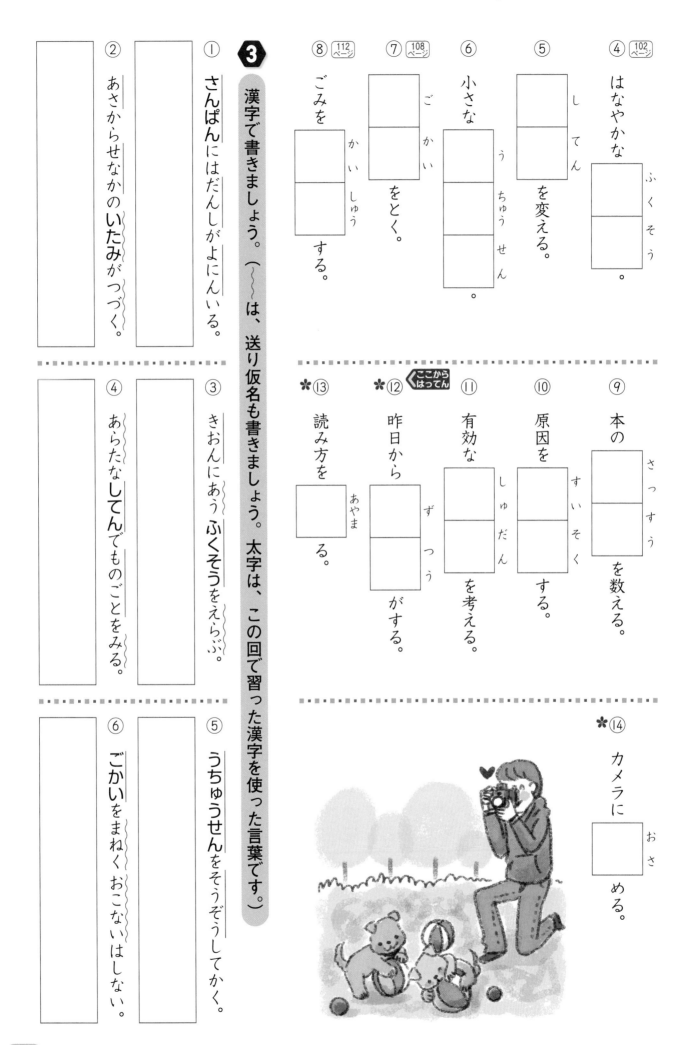

⑦ こしゃしんぶんをかいしゅうする。

[　　　　]

⑧ かりるさっすうをたしかめる。

[　　　　]

⑨ さいしゅうしゅだんをじっこうする。

[　　　　]

4 五年生で学んだ漢字

五年生で習った漢字を書きましょう。〔　〕は、送り仮名《がな》も書きましょう。

① □□《じょきょく》が流れる。

② 母親役を□《えん》じる。

③ □□□《しょうたいじょう》が届く。

④ □□《いし》にみてもらう。

⑤ 手を□□《しょうどく》する。

⑥ □《みゃく》を測る。

⑦ 体を□□《せいけつ》に保つ。

⑧ □□《えいせい》環《かん》境に気をつける。

⑨ 主役を〔　《かこむ》〕。

⑩ □《つま》の横に立つ。

⑪ 晴れて夫《ふう》□《ふ》となる。

⑫ 母親に〔　《にる》〕。

⑬ ホテルの□□□《しはいにん》。

⑭ 祝福されて〔　《よろこぶ》〕。

⑮ 童話を□□《へんしゅう》する。

⑯ 〔　《まずしい》〕暮らし。

⑰ □□《はっかん》記念のパーティー。

⑱ 絵本を□□《しゅっぱん》する。

⑲ □□《ざいせい》が厳しい。

⑳ □□《ぞうぜい》を検討する。

㉑ □□《げんいん》をつきとめる。

㉒ 市の□□《じょうれい》を定める。

㉓ 大学で□□《こうぎ》を受ける。

㉔ □□《だんげん》をさける。

㉕ □□《きょうじゅ》の話を聞く。

㉖ □□《ほんどう》に入る。

㉗ □□《ぶつぞう》をおがむ。

㉘ □□《ぼち》を横切る。

㉙ □□《せんぞ》を祭る。

㉚ 〔　〕《ふなれ》な仕事。

㉛ 野菜の□□《かかく》を決める。

㉜ □□《せっきゃく》態度がよい。

㉝ □□□《えいぎょうちゅう》の店。

㉞ □□《しゅっぴ》がかさむ。

㉟ □□□《りょうしゅうしょ》をもらう。

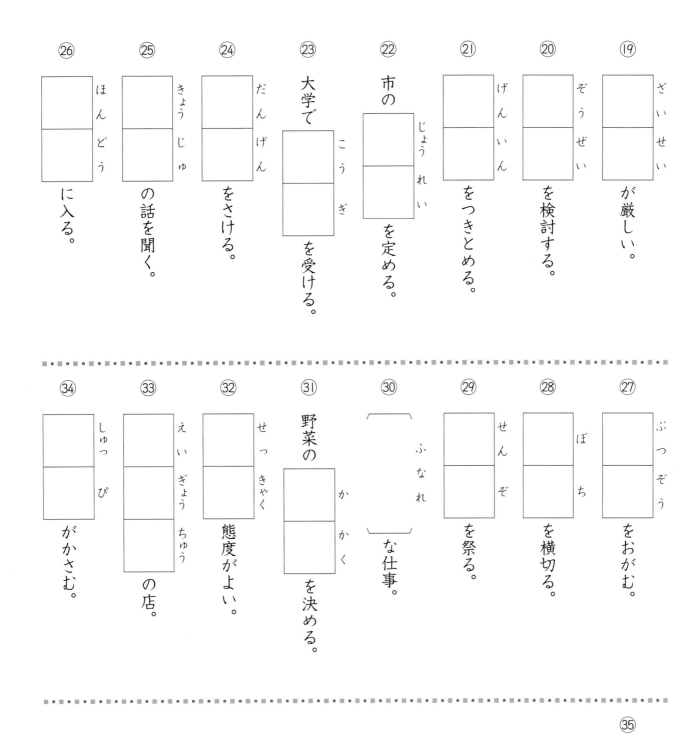

基本のワーク

きつねの窓

勉強した日　月　日

◆「読み方」の赤い字は教科書で使われている読みです。●はまちがえやすい漢字です。

きつねの窓

8ページ

窓（あなかんむり　窓）　立てる　はねる

読み方：ソウ　まど

使い方：車窓《しゃそう》・同窓会《どうそうかい》　窓《まど》を開ける・窓口《まどぐち》

11画

11ページ

染（き　染）　はねる　とめる　はらう

読み方：（セン）　そめる・そまる　（しみる）（しみ）

使い方：布を染《そ》める・染《そ》め物　布が染《そ》まる

9画

漢字の形に注意。
染　「木」は下に大きく書くよ。「氵」は上に小さく書くよ。

注意！

11ページ

看（め　看）　一番長く

読み方：カン　―

使い方：看板《かんばん》・看護《かんご》・看病《かんびょう》

9画

漢字のでき方。
看　手…「手」を表す。目…「目」を表す。
目の上に手をかざして「よく見る」ことを表すよ。

でき方

12ページ

胸（にくづき　胸）　とめる　はねる

読み方：キョウ　むね・（むな）

使い方：胸囲《きょうい》・度胸《どきょう》　胸《むね》を張る・胸当《むねあ》て

10画

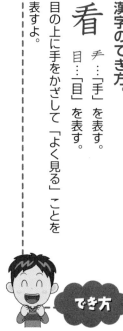

12ページ

派 さんずい

派

はらう　とめる

読み方

ハ

―

使い方

立派《りっぱ》・派出所《はしゅつじょ》

9画

13ページ

敵 ぼくにょう ぼくづくり のぶん

敵

立てる　はらう　とめる　はねる

読み方

テキ

（かたき）

使い方

素敵《すてき》・敵地《てきち》・無敵《むてき》

15画

13ページ

腹 にくづき

腹

はらう　はねる

読み方

フク

はら

使い方

腹痛《ふくつう》・空腹《くうふく》・満腹《まんぷく》

腹《はら》が立つ・腹《はら》がけ

13画

「腹」を使った言葉。

腹が立つ……いかりを感じる。

腹を決める…何かをしようと心に決める。

腹を割る……かくさずに本心を打ち明ける。

17ページ

激 さんずい

激

立てる　はらう　はねる

読み方

ゲキ

は げ**しい**

使い方

感激《かんげき》・激増《げきぞう》・急激《きゅうげき》

激《はげ》しい風

16画

送り仮名《がな》に注意。

○ 激《はげ》しい　× 激い

「～しい」とつく言葉は、「しい」が送り仮名になることが多いよ。

19ページ

銭 かねへん

銭

とめる　わすれない　はねる

読み方

セン

（ぜに）

使い方

一銭《いっせん》・銭湯《せんとう》・金銭《きんせん》

14画

漢字の意味。

「銭」は「お金」という意味のほかに、「お金の単位」の意味もあるよ。

昔使われていた単位で、今使われている「円」の百分の一なんだ。

ものしりメモ 「派」は、「氵」（水）と「𠂢」（川が枝分かれしていく形）からできた漢字で、いくつかに分かれることや、分かれたものを表す言葉につくよ。　（例）派生・流派

20ページ

困

とめる

困 くにがまえ

読み方
コン
こまる

使い方
困苦《こんく》・困難《こんなん》
とても困《こま》る

7画

形の似ている漢字。

困 （コン） くにがまえの中が木 例 困難・貧《ひん》困

因 （イン） くにがまえの中が大 例 原因・勝因

24ページ

忘

立てる
つき出す
とめる
はねる

忘 こころ

読み方
（ボウ）
わすれる

使い方
時を忘《わす》れる・忘《わす》れ物

7画

「心」のつく漢字。

「忘」の部首は、「心」（こころ）。「心」は、心の働きに関係のある漢字につくよ。

「心」のつく漢字…必 思 志 など。

28ページ

絹

はらう
はねる
とめる

絹 いとへん

読み方
（ケン）
きぬ

使い方
絹織物《きぬおりもの》・絹糸《きぬいと》

13画

漢字の意味。

「絹」は、「蚕《かいこ》のまゆからとった動物せんい」のこと。せんいの仲間の「綿」は、綿花からとれるから「植物せんい」だよ。

28ページ

俵

一番長く
はらう

俵 にんべん

読み方
ヒョウ
たわら

使い方
五俵《ごひょう》・土俵《どひょう》
米俵《こめだわら》・炭俵《すみだわら》

10画

漢字のでき方。

俵 表…「ヒョウ」の音《おん》と「おもてに出す」意味を表す。
亻…「ひと」を表す。

のちに日本では「たわら」の意味になったよ。

28ページ

株　きへん

下を長く　はらう　とめる

読み方
かぶ
—

使い方
株主《かぶぬし》・株式会社《かぶしきがいしゃ》

10画

28ページ

骨　ほね

はねる　とめる

読み方
コツ
ほね

使い方
骨折《こっせつ》・鉄骨《てっこつ》
骨休《ほねやす》め・魚の骨《ほね》

10画

漢字の形に注意。

骨
「骨」の部分は一画で、
「骨」の部分は二画で書くよ。

28ページ

蚕　むし

上を長く　とめる

読み方
サン
かいこ

使い方
養蚕《ようさん》
蚕《かいこ》を飼う

10画

28ページ

沿　さんずい

あける　はらう

読み方
エン
そう

使い方
沿線《えんせん》・沿海《えんかい》・沿道《えんどう》
海沿《うみぞ》い・道に沿《そ》う

8画

28ページ

宅　うかんむり

立てる　はねる

読み方
タク
—

使い方
お宅《たく》・自宅《じたく》・住宅《じゅうたく》

6画

「宀」のつく漢字。

「宀」（うかんむり）は交差している屋根の形で、
家や屋根に関する漢字が多いよ。
「宀」のつく漢字…家　室　宮　宅　など。

新しい読み方を覚える漢字

13ページ
染《そ》まる
染《そ》まる

ものしりメモ
「株」を使った言葉に、「守株」（しゅしゅ）という故事成語があるよ。古い習慣を守って進歩しないことをいうんだ。どんな故事からできた言葉か、調べてみよう。

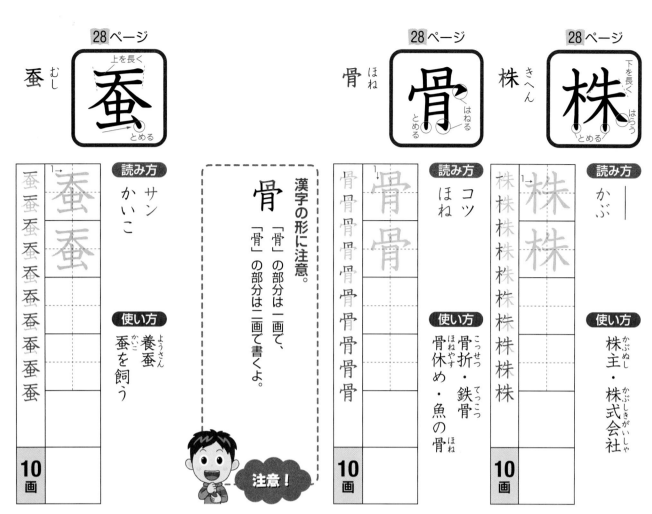

練習のワーク

きつねの窓

教科書 ㊦8～29ページ　答え 4ページ

勉強した日　月　日

1 新しい漢字を読みましょう。

① 8ページ （　）窓から外を見る。

② （　）染め物の店に入る。

③ （　）看板が見える。

④ （　）胸のおくの思い。

⑤ （　）立派なテーブルがある。

⑥ 素《す》（　）敵な色。

⑦ 青に（　）染まる。

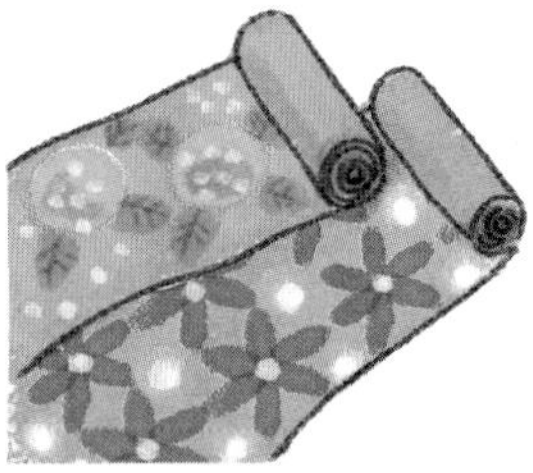

⑧ （　）腹が立つ。

⑨ すっかり（　）感激する。

⑩ お金が（　）一銭もない。

⑪ それは（　）困ると思う。

⑫ 食べるのを（　）忘れる。

⑬ （　）絹織物を作る。

⑭ （　）米俵を届ける。

⑮ （　）株主を集める。

⑯ 南の島で（　）骨休めをする。

⑰ （　）養蚕業がさかんだ。

⑱ （　）沿線にある家。

⑲ 先生のお（　）宅にうかがう。

ここからはってん

✿⑳ （　）同窓会を開く。

✿㉑ （　）度胸がある。

✿の漢字は新出漢字の別の読み方です。

＊㉒ 激（　　）しい練習をする。

＊㉓ 困苦（　　）にたえる。

＊㉔ 土俵（　　）に上がる。

＊㉕ 指を骨折（　　）する。

＊㉖ 蚕（　　）のまゆは丸い。

＊㉗ 川に沿（　　）って歩く。

2 新しい漢字を書きましょう。〔　〕は、送り仮名《がな》も書きましょう。

① 8ページ □《まど》を開ける。

② 〔　　〕《そめ》ものをする。

③ □□《かんばん》を目印にする。

④ □《むね》にきざむ。

⑤ □□《りっぱ》な家に住む。

⑥ 素《す》□《てき》な服を着る。

⑦ 空が赤く〔　　〕《そまる》。

⑧ □《はら》が減る。

⑨ 作品を読んで□□《かんげき》する。

⑩ さいふには□□《いっせん》もない。

⑪ 道に迷って〔　　〕《こまる》。

⑫ ハンカチを〔　　〕《わすれる》。

⑬ □□□《きぬおりもの》の生産。

⑭ □□《こめだわら》を運ぶ。

⑮ □□《かぶぬし》の総会がある。

⑯ 温泉《せん》での〔　　〕《ほねやすめ》。

⑰ □□□《ようさんぎょう》を営む。

⑱ □□《えんせん》の住民。

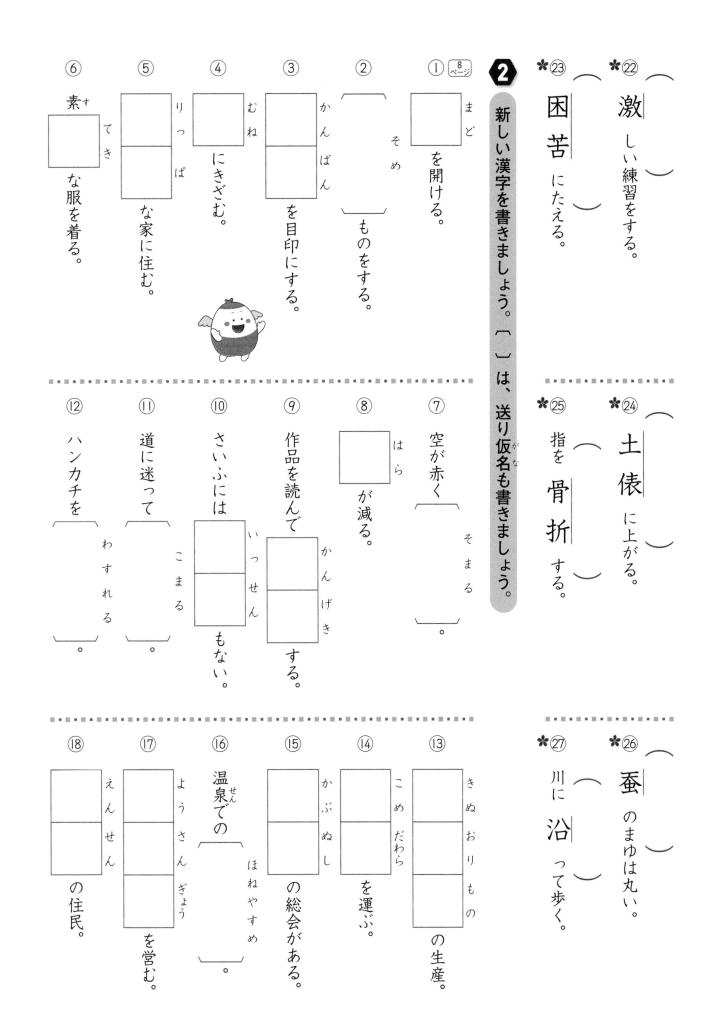

⑲ 社長のお□《たく》におじゃまする。

ここから はってん

✿⑳ □□□《どうそうかい》の案内。

✿㉑ □□《どきょう》がつく。

✿㉒ □《はげ》しい雨が降る。

✿㉓ 生活に□□《こんく》する。

✿㉔ すもうの□□《どひょう》。

✿㉕ 足を□□《こっせつ》する。

✿㉖ □《かいこ》を飼う。

✿㉗ 希望に□《そ》う。

3 漢字で書きましょう。（〜〜は、送り仮名《がな》も書きましょう。太字は、この回で習った漢字を使った言葉です。）

① くうきをいれるため**まど**をあける。

② **りっぱ**な**かんばん**があるざっかてん。

③ **むね**をうつ　じつわをふたつ　あげる。

④ す**てき**なうたごえに**かんげき**する。

⑤ ペンを**わすれる**と**こまる**ことになる。

⑥ **えんせん**にある**きぬおりもの**のみせ。

⑦ こきょうのゆで**ほねやすめ**をする。

基本のワーク

十二歳《さい》の主張

教科書 下 38～43ページ

勉強した日　月　日

◆「読み方」の赤い字は教科書で使われている読みです。はまちがえやすい漢字です。

十二歳の主張

疑　38ページ

ひき　疑

（つき出さない・はねる・はらう・とめる）

読み方　ギ　うたがう

使い方　疑問《ぎもん》・質疑《しつぎ》　話を疑《うたが》う

14画

善　38ページ

くち　善

（長く・つき出さない）

読み方　ゼン　よい

使い方　改善《かいぜん》・善意《ぜんい》　善《よ》い心がけ

12画

反対の意味の漢字。

善↔悪

＊合わせて「善悪」という熟語にもなるよ。

専　39ページ

すん　専

（長く・はねる）

読み方　セン　（もっぱら）

使い方　専門家《せんもんか》・専用《せんよう》

9画

閣　39ページ

もんがまえ　閣

（はらう・とめる・はねる）

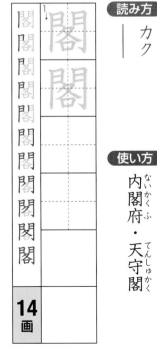

読み方　カク　―

使い方　内閣府《ないかくふ》・天守閣《てんしゅかく》

14画

形の似ている漢字。

閣（カク）　例　閣議・内閣・天守閣

間（カン）　例　期間・空間・中間

関（カン）　例　関係・関心・難関

練習のワーク

十二歳《さい》の主張

教科書 下38～43ページ
答え 5ページ

勉強した日　月　日

1 新しい漢字を読みましょう。

① 38ページ 疑問（　）に感じる。

② 改善（　）したいことを考える。

③ 専門家（　）の意見を聞く。

④ 内閣府（　）のホームページ。

ここからはってん

✿⑤ 疑（　）いをもつ。

✿⑥ 善（　）い行いをする。

2 新しい漢字を書きましょう。

① 38ページ □□《ぎもん》を解決する。

② □□《かいぜん》の余地がある。

③ 数学の□□□《せんもんか》。

④ □□□□《ないかくふ》の職員になる。

3 漢字で書きましょう。（～～は、送り仮名《がな》も書きましょう。太字は、この回で習った漢字を使った言葉です。）

① せいかつのみだれを**かいぜん**する。

□

② りょうりの**せんもんか**となる。

□

③ **ないかくふ**のちょうさけっか。

□

✿の漢字は新出漢字の別の読み方です。

基本のワーク

漢字の広場④ 音《おん》を表す部分
五年生で学んだ漢字④

教科書 下44〜46ページ

勉強した日　月　日

◆「読み方」の赤い字は教科書で使われている読みです。●はまちがえやすい漢字です。

漢字の広場④ 音を表す部分

縮（45ページ）
縮　いとへん
（立てる・はねる・はらう・とめる）

読み方
シュク
ちぢむ
ちぢまる・ちぢめる
ちぢれる・ちぢらす

使い方
縮小《しゅくしょう》・圧縮《あっしゅく》・短縮《たんしゅく》
布が縮《ちぢ》む・差が縮《ちぢ》まる

17画

頂（45ページ）
頂　おおがい
（とめる・はねる）

読み方
チョウ
いただく・いただき

使い方
頂上《ちょうじょう》・山頂《さんちょう》
お茶を頂《いただ》く・山の頂《いただき》

11画

漢字の意味。
「頂」には、いろいろな意味があるよ。
①てっぺん。例 頂上・頂点・山頂
②いただく。例 頂だいする
おみやげを頂く

庁（45ページ）
庁　まだれ
（立てる・つき出さない・はらう・はねる）

読み方
チョウ
—

使い方
県庁《けんちょう》・省庁《しょうちょう》

5画

枚（45ページ）
枚　きへん
（はらう・とめる）

読み方
マイ
—

使い方
二枚《にまい》・枚数《まいすう》

8画

漢字の意味。
「枚」は、「紙や皿など、うすくて平たいものを数える単位」として使われるよ。料理のそばを数えるときにも使うね。

泉

45ページ

泉 みず

はねる

読み方
セン
いずみ

使い方
温泉《おんせん》・源泉《げんせん》
泉《いずみ》の水

9画

漢字の意味。
「泉」には、「地中から水のわき出るところ」のほかに、「物事が始まって出てくるもと」という意味があるよ。同じ意味の「源」と合わせて「源泉」という熟語にもなるね。

批

45ページ

批 てへん

はねる
はねる

読み方
ヒ
―

使い方
批評《ひひょう》・批判《ひはん》

7画

似た意味を表す言葉。
批判…悪い部分を取り上げて否《ひ》定的に評価する。
批評…公平な立場で評価する。
似ているけれど、ちがった場面で使うよ。

詞

45ページ

詞 ごんべん

あける
はねる

読み方
シ
―

使い方
歌詞《かし》・動詞《どうし》・名詞《めいし》
作詞家《さくしか》

12画

誌

45ページ

誌 ごんべん

あける
上を長く
はねる

読み方
シ
―

使い方
雑誌《ざっし》・学級日誌《がっきゅうにっし》

14画

創

45ページ

創 りっとう

とめる
はらう
はねる

読み方
ソウ
つくる

使い方
創刊《そうかん》・創作《そうさく》・創立《そうりつ》
未来を創《つく》る

12画

同じ読み方の言葉。
創造《そうぞう》…初めてつくり出すこと。
例 新たな文化を創造する。
想像《そうぞう》…心に思いえがくこと。
例 場面を想像する。

45ページ

忠

つき出す
はねる

忠 こころ

読み方
チュウ
―

8画

使い方
忠誠《ちゅうせい》・忠告《ちゅうこく》・忠実《ちゅうじつ》

漢字のでき方。
忠
中…「チュウ」の音《おん》と「真ん中」という意味を表す。
心…「こころ」を表す。
心の中心、「まごころ」という意味を表すよ。

45ページ

誠

わすれない
あける
はねる

誠 ごんべん

読み方
セイ
（まこと）

13画

使い方
忠誠《ちゅうせい》・誠実《せいじつ》・誠心誠意《せいしんせいい》

漢字のでき方。
誠
成…「セイ」の音と「かさなる」という意味を表す。
言…「ことば」を表す。
「ことばと心が同じでうそがない」意味だよ。

45ページ

延

×壬
二画

延 えんにょう

読み方
エン
のびる・のべる
のばす

8画

使い方
延期《えんき》・出発が延《の》びる
延《の》べ千人・十分延《の》ばす

45ページ

済

立てる
はらう
とめる

済 さんずい

読み方
サイ
すむ・すます

11画

使い方
経済《けいざい》・気が済《す》む
宿題を済《す》ます

筆順に注意。
「斉」の部分は、
「斉 斉 斉 斉」と書くよ。
二本の横棒の筆順に注意しよう。

特別な読み方の言葉

44ページ
清水
しみず

ものしりメモ
「延びる」には、「時間や道のりが長くなる」「期日よりおくれる」などの意味があるよ。「長さが長くなる」「能力などが向上する」という意味の「のびる」とまちがえないようにね。

練習のワーク

漢字の広場④ 音《おん》を表す部分
五年生で学んだ漢字④

教科書 下44～46ページ

答え 5ページ

勉強した日　月　日

1 新しい漢字を読みましょう。

①（44ページ） 井戸の 清水（　　）。

② 期間を 短縮（　　）する。

③ 山頂（　　）を目指す。

④ 県庁（　　）で働く。

⑤ 画用紙を 二枚（　　）もらう。

⑥ 泉（　　）の絵をかく。

⑦ 絵を 批評（　　）する。

⑧ 歌詞（　　）をしょうかいする。

⑨ 雑誌（　　）を買う。

⑩ 創刊号（　　）が出る。

⑪ 忠誠（　　）をちかう。

⑫ 運動会を 延期（　　）する。

⑬ 経済（　　）の勉強をする。

ここからはってん

✿⑭ 競技のタイムが 縮（　　）む。

✿⑮ 紅《こう》茶を 頂（　　）く。

✿⑯ 温泉（　　）につかる。

✿⑰ 自由時間が 延（　　）びる。

✿⑱ 練習が 済（　　）む。

2 新しい漢字を書きましょう。

✿の漢字は新出漢字の別の読み方です。

①（44ページ） □□《しみず》を飲む。

② 時間を□□《たんしゅく》する。

③ □□《さんちょう》からながめる。

④ □□《けんちょう》に用がある。

⑤ はがきを□□《にまい》買う。

⑥ □《いずみ》に手をひたす。

⑦ 作品を□□《ひひょう》する。

⑧ □□《かし》を覚える。

⑨ □□《ざっし》の表紙をかざる。

⑩ □□□《そうかんごう》から読む。

⑪ 王に□□《ちゅうせい》をつくす。

⑫ 文化祭を□□《えんき》する。

⑬ □□《けいざい》ニュースを見る。

ここからはってん

✿⑭ セーターが□《ちぢ》む。

✿⑮ 路線が□《の》びる。

3 五年生で学んだ漢字

五年生で習った漢字を書きましょう。〔　〕は、送り仮名《がな》も書きましょう。

① 校庭に□《さくら》がさく。

② 先生に□□《かんしゃ》する。

③ 〔　〕《あつい》□□《ゆうじょう》。

④ □□《えいきゅう》に続く道。

⑤ 〔　〕《よせ》書きを回す。

⑥ サッカー選手を□《ゆめ》見る。

⑦ □□《いし》が強い。

⑧ □□《せいかく》にパスを通す。

⑨ フランスに□□《りゅうがく》する。

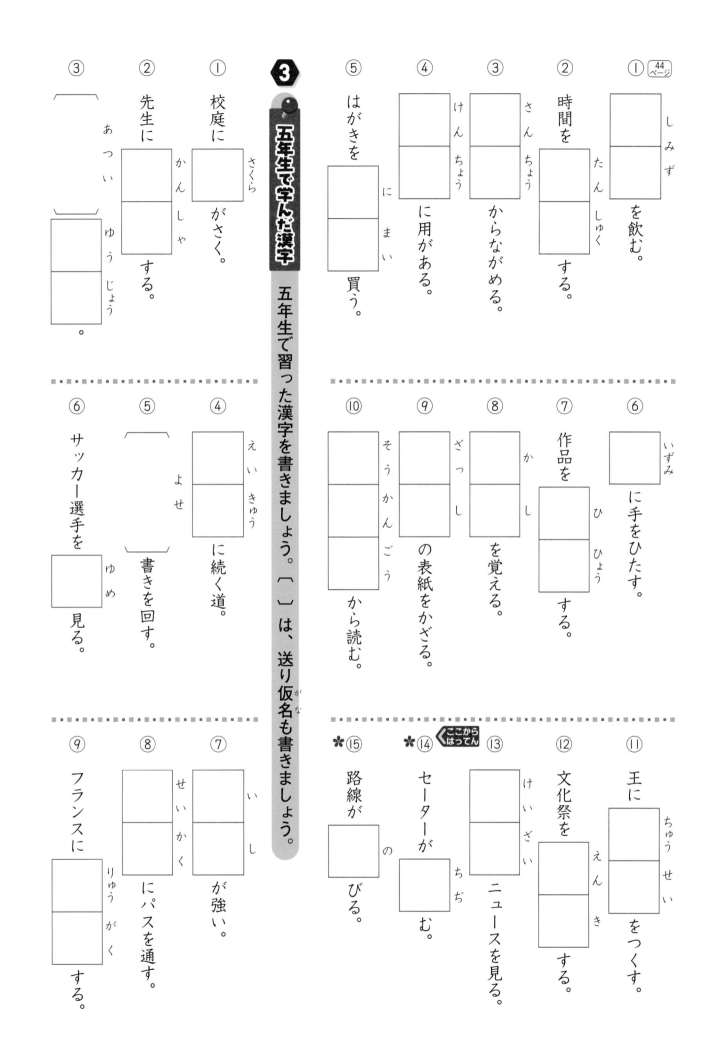

⑩ クラブチームに□□《しょぞく》する。

⑪ □□□《かのうせい》をひめる。

⑫ □□《れきし》ある建物。

⑬ □□□《きゅうこうしゃ》をこわす。

⑭ うさぎを□□《しいく》する。

⑮ □□《ぶどう》を習う。

⑯ □□《しつもん》を受け付ける。

⑰ 消しゴムを〔　　〕《かす》。

⑱ □□《ごく》を辞書で調べる。

⑲ できごとを□□《きじゅつ》する。

⑳ コンクールの□□《じゅんび》。

㉑ □□《にってい》を知らせる。

㉒ □□□□《さいてんきじゅん》。

㉓ □□《せいせき》を発表する。

㉔ 赤組が□□《ぎゃくてん》する。

㉕ □□《とくてん》が入る。

㉖ □□《だんたい》でたたかう種目。

㉗ □□□《そうりょくせん》となる。

㉘ 首位を□□《どくそう》する。

㉙ □□《こじん》での競技。

㉚ □□□《きゅうごしょ》を設置する。

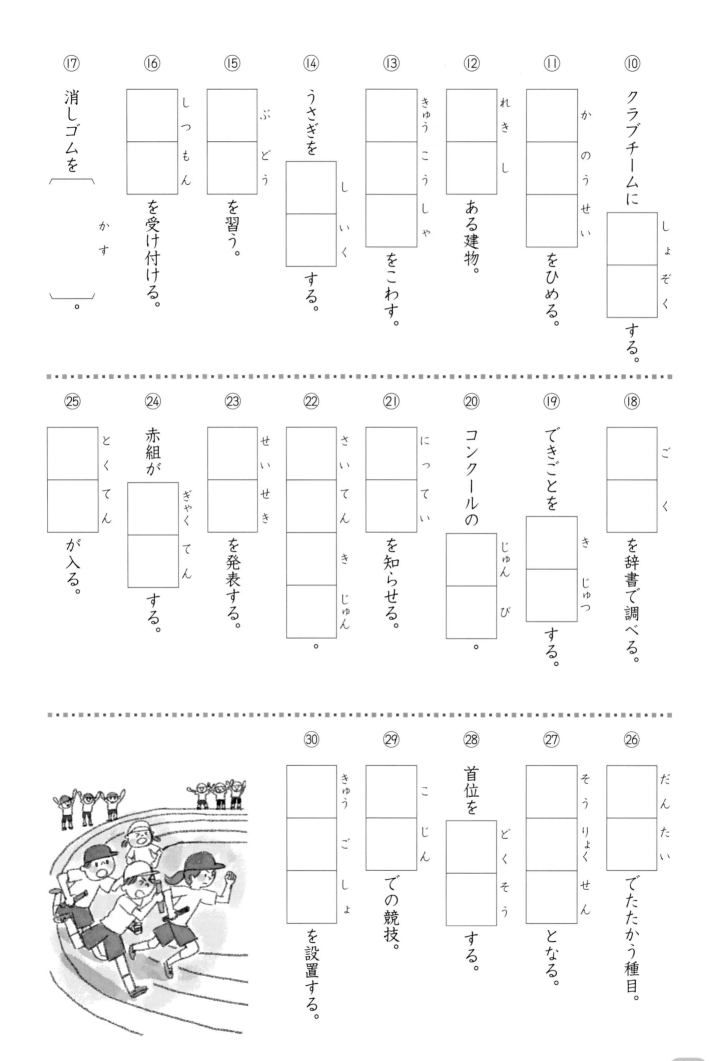

三　自分の経験と重ねて読み、考えを広げよう

基本のワーク

あなたはどう感じる？　ぼくの世界、君の世界

教科書　下48～61ページ

勉強した日　月　日

◆「読み方」の赤い字は教科書で使われている読みです。●はまちがえやすい漢字です。

あなたはどう感じる？

49ページ

紅　いとへん　（はらう・とめる・下を長く）

読み方　コウ・（ク）　べに・（くれない）

使い方　紅葉《こうよう》・紅茶《こうちゃ》・紅一点《こういってん》　口紅《くちべに》

9画

「紅」を使った言葉。

紅一点…大勢の男の人たちの中に、女の人がたった一人交じっている様子を指すよ。

ぼくの世界、君の世界

54ページ

盛　さら　（わすれない・はねる・はねる・長く）

読み方　（セイ）（ジョウ）　もる　（さかる）（さかん）

使い方　盛《も》り上がる・山盛《やまも》り

11画

56ページ

秘　のぎへん　（とめる・はねる）

読み方　ヒ　（ひめる）

使い方　秘密《ひみつ》・神秘《しんぴ》

10画

56ページ

密　うかんむり　（立てる・はねる）

読み方　ミツ　―

使い方　秘密《ひみつ》・密室《みっしつ》・密林《みつりん》

11画

漢字の意味。

「秘」は「かくす」、「密」は「人に知られない」という意味があるよ。だから、「秘密」は、「人に知られないようにかくすこと」という意味だよ。

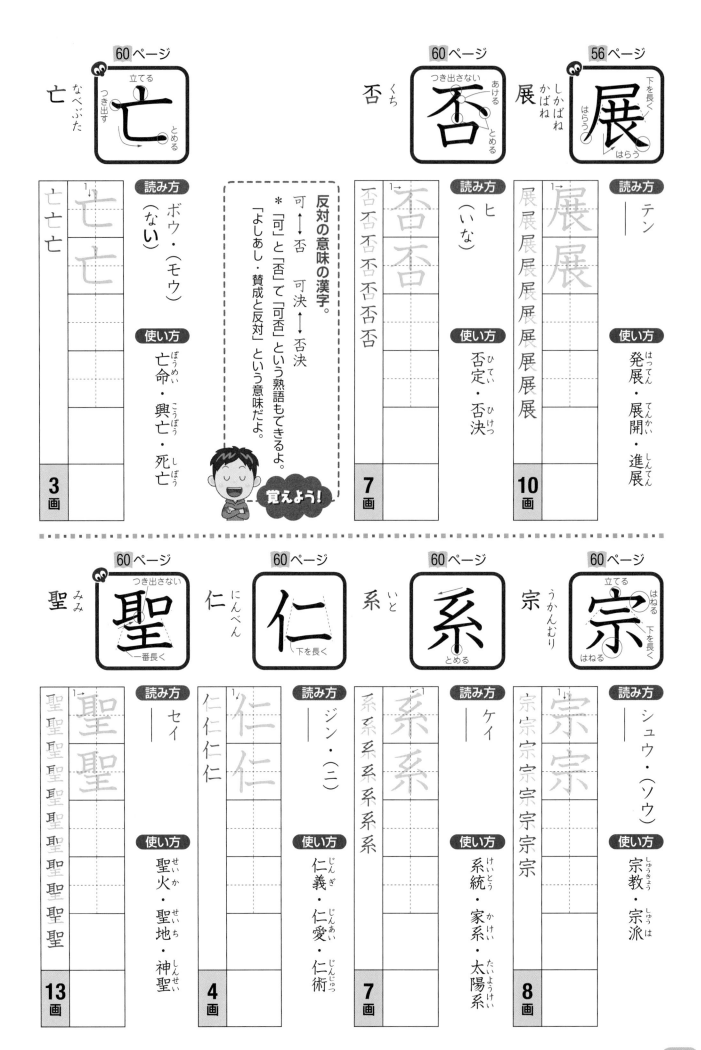

56ページ

展

下を長く はらう はらう

展 しかばね かばね

読み方

テン
—

使い方

発展《はってん》・展開《てんかい》・進展《しんてん》

10画

展展展展展展展展展展

60ページ

否

つき出さない あける とめる

否 くち

読み方

ヒ
（いな）

使い方

否定《ひてい》・否決《ひけつ》

7画

否否否否否否否

反対の意味の漢字。

可↔否　可決↔否決

＊「可」と「否」で「可否」という熟語もできるよ。「よしあし・賛成と反対」という意味だよ。

60ページ

亡

立てる つき出す とめる

亡 なべぶた

読み方

ボウ・（モウ）
（な**い**）

使い方

亡命《ぼうめい》・興亡《こうぼう》・死亡《しぼう》

3画

亡亡亡

60ページ

宗

立てる はねる 下を長く はねる

宗 うかんむり

読み方

シュウ・（ソウ）
—

使い方

宗教《しゅうきょう》・宗派《しゅうは》

8画

宗宗宗宗宗宗宗宗

60ページ

系

とめる

系 いと

読み方

ケイ
—

使い方

系統《けいとう》・家系《かけい》・太陽系《たいようけい》

7画

系系系系系系系

60ページ

仁

下を長く

仁 にんべん

読み方

ジン・（ニ）
—

使い方

仁義《じんぎ》・仁愛《じんあい》・仁術《じんじゅつ》

4画

仁仁仁仁

60ページ

聖

つき出さない 一番長く

聖 みみ

読み方

セイ
—

使い方

聖火《せいか》・聖地《せいち》・神聖《しんせい》

13画

聖聖聖聖聖聖聖聖聖聖聖聖聖

60ページ

尺

部首：尺　しかばね

つける位置　はらう

読み方　シャク

使い方　尺度《しゃくど》・一尺《いっしゃく》・縮尺《しゅくしゃく》

4画

60ページ

肺

部首：肺　にくづき

立てる　はねる　はねる　とめる

読み方　ハイ

使い方　肺臓《はいぞう》・肺活量《はいかつりょう》

9画

60ページ

臓

部首：臓　にくづき

わすれない　はねる　はらう　はねる

読み方　ゾウ

使い方　肺臓《はいぞう》・臓器《ぞうき》・内臓《ないぞう》

19画

60ページ

律

部首：律　ぎょうにんべん

つき出す　長く

読み方　リツ・（リチ）

使い方　法律《ほうりつ》・規律《きりつ》

9画

60ページ

衆

部首：衆　ち

つける　はらう　とめる

読み方　シュウ・（シュ）

使い方　民衆《みんしゅう》・群衆《ぐんしゅう》・大衆《たいしゅう》

12画

60ページ

胃

部首：胃　にく

大きく　とめる　はねる

読み方　イ

使い方　胃腸《いちょう》・胃《い》カメラ

9画

60ページ

腸

部首：腸　にくづき

長く　はねる

読み方　チョウ

使い方　胃腸《いちょう》・小腸《しょうちょう》

13画

特別な読み方の言葉

51ページ　真面目　まじめ

ものしりメモ　「仁」は「思いやり、情け」という意味があるよ。似た意味をもつ漢字はほかに、「愛（相手をいつくしむ心）」や「忠（まごころ）」などもあるから、いっしょに覚えよう。

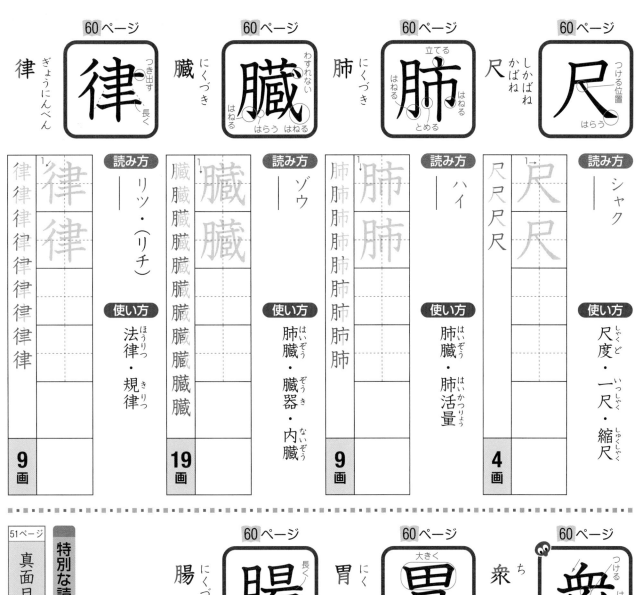

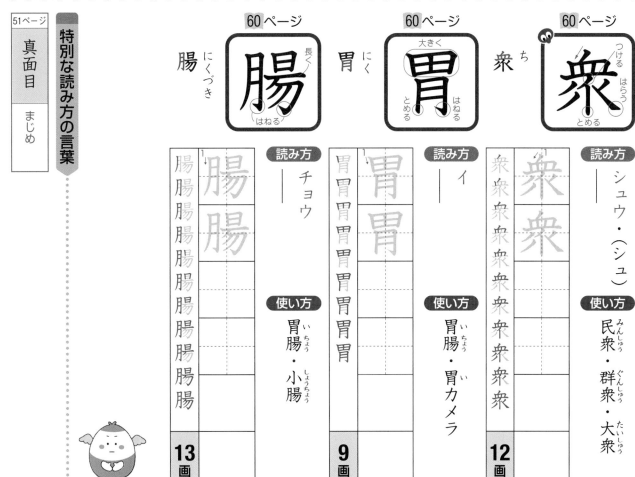

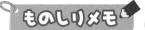

練習のワーク　あなたはどう感じる？　ぼくの世界、君の世界

教科書　㊦48～61ページ　答え　5ページ

勉強した日　月　日

1 新しい漢字を読みましょう。

① 48ページ 紅葉（　　）がきれいだ。

② 50ページ 真面目（　　）に議論する。

③ 話が盛（　　）り上がる。

④ 秘密（　　）をもつ。

⑤ 思いが発展（　　）する。

⑥ 相手の意見を否定（　　）する。

⑦ となりの国へ亡命（　　）する。

⑧ さまざまな宗教（　　）。

⑨ 同じ系統（　　）の服ばかり買う。

⑩ 仁義（　　）を重んじる。

⑪ 聖火（　　）リレーをする。

⑫ 同じ尺度（　　）の地図。

⑬ 肺臓（　　）のレントゲンをとる。

⑭ 法律（　　）について学ぶ。

⑮ 民衆（　　）の声を聞く。

⑯ 胃腸（　　）の調子がよい。

✿⑰ ここからはってん 口紅（　　）をぬる。

2 新しい漢字を書きましょう。〔　〕は、送り仮名《がな》も書きましょう。

✿の漢字は新出漢字の別の読み方です。

① 48ページ 山の□□《こうよう》を見に行く。

② 50ページ □□□《まじめ》に聞く。

③ 運動会が〔　〕《もり》上がる。

④ みんなに□□《ひみつ》にする。

⑤ 町が□□《はってん》する。

⑥ うわさを□□《ひてい》する。

⑦ □□《ぼうめい》した人に話を聞く。

⑧ □□《しゅうきょう》の歴史を知る。

⑨ □□《けいとう》が似ている。

⑩ □□《じんぎ》をつくす。

⑪ □□《せいか》をともす。

⑫ □□《しゃくど》を決める。

⑬ □□《はいぞう》をわずらう。

⑭ 新しい□□《ほうりつ》ができる。

⑮ □□《みんしゅう》の生活。

⑯ □□《いちょう》が弱る。

3 漢字で書きましょう。（〰〰は、送り仮名も書きましょう。太字は、この回で習った漢字を使ったことばです。）

① **みんしゅう**のあいだの**しゅうきょう**。

② **じんぎ**より**ほうりつ**をおもんじる。

③ **はいぞう**と**いちょう**のけんさをする。

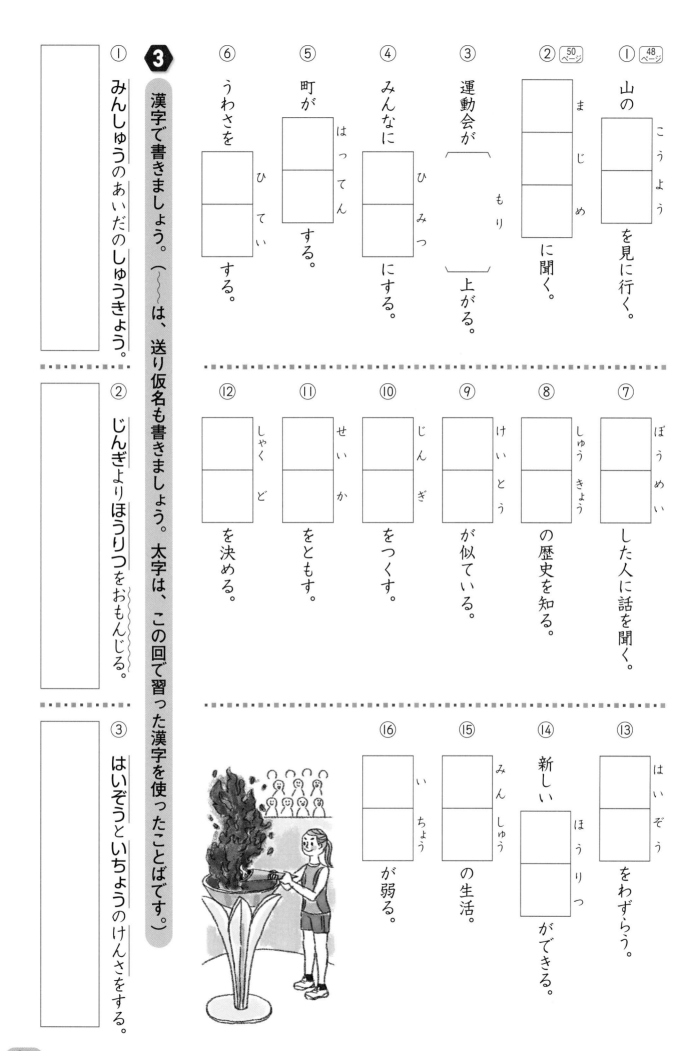

三　自分の経験と重ねて読み、考えを広げよう

基本のワーク

「うれしさ」って何？——哲学《てつ》対話をしよう
言葉の広場④　その場にふさわしい言い方

教科書 下62～73ページ

勉強した日　月　日

◆「読み方」の赤い字は教科書で使われている読みです。●はまちがえやすい漢字です。

「うれしさ」って何？——哲学対話をしよう

63ページ

誕　ごんべん

誕（あける　×壬　二画）

15画

読み方
タン
―

使い方
誕生日《たんじょうび》・生誕祭《せいたんさい》

「誕」を使った言葉。
「誕生」も「生誕」も「生まれること」という意味の言葉だよ。
「生誕」はいだいな業績を残した人に対して使われることが多いよ。

覚えよう！

言葉の広場④　その場にふさわしい言い方

71ページ

敬　ぼくにょう　ぼくづくり　のぶん

敬（はらう　はねる）

12画

読み方
ケイ
うやまう

使い方
敬意《けいい》・敬語《けいご》・尊敬《そんけい》
両親を敬《うやま》う

71ページ

担　てへん

担（×且　長く　はねる）

8画

読み方
タン
（かつぐ）（になう）

使い方
担任《たんにん》・担当《たんとう》・分担《ぶんたん》

72ページ

閉　もんがまえ

閉（少し出す　とめる　はねる）

11画

読み方
ヘイ
とじる・（とざす）
しめる・しまる

使い方
閉会《へいかい》・閉店《へいてん》
目を閉《と》じる・窓を閉《し》める

漢字の形に注意。
閉
「オ」ではなくて「才」になるように少し出そう。

注意！

72ページ

承 て

読み方

ショウ
（うけたまわる）

使い方

承知《しょうち》・伝承《でんしょう》

8画

漢字の意味。

「承」には、いろいろな意味があるよ。
①前のものを受けつぐ。 例 伝承・口承
②相手の考えを受け入れる。 例 承知・承服

72ページ

拝 てへん

読み方

ハイ
おが**む**

使い方

拝借《はいしゃく》・拝見《はいけん》する
仏を拝《おが》む

8画

漢字の形に注意。

拝 横棒は四本だよ。長さに注意！

73ページ

尊 すん

読み方

ソン
たっと**い**・とうと**い**
たっと**ぶ**・とうと**ぶ**

使い方

尊敬語《そんけいご》・尊《たっと》い行い
尊《とうと》い生命・平和を尊《とうと》ぶ

12画

似た意味の漢字。

尊…たっとぶ。とうとぶ。
敬…うやまう。
＊合わせて「尊敬」という熟語にもなるよ。

新しい読み方を覚える漢字

73ページ
敬《うやまう》
敬《うやま》う

ものしりメモ 「目を閉じる」とは言っても「目を閉める」とは言わないよね。「閉じる」と「閉める」は似た意味の言葉だけど、使い方にちがいがあるよ。注意して使おう。

練習のワーク

「うれしさ」って何？——哲《てつ》学対話をしよう
言葉の広場④　その場にふさわしい言い方

教科書　下62～73ページ　答え　5ページ

勉強した日　月　日

1 新しい漢字を読みましょう。

① 62ページ　誕生日（　　）のプレゼント。

② 70ページ　敬意（　　）を表す。

③ 担任（　　）の先生の荷物。

④ 発表会を閉会（　　）する。

⑤ その件は承知（　　）しました。

⑥ ペンを拝借（　　）する。

⑦ 尊敬語（　　）を使う。

⑧ 相手を敬（　　）う。

ここから発展

✿⑨ 本を閉（　　）じる。

✿⑩ ドアを閉（　　）める。

✿⑪ 神様を拝（　　）む。

✿⑫ 尊（　　）い経験をする。

2 新しい漢字を書きましょう。〔　〕は、送り仮名《がな》も書きましょう。

① 62ページ　□□□《たんじょうび》が近づく。

② 70ページ　□□《けいい》をはらう。

③ □□《たんにん》が変わる。

④ □□《へいかい》のあいさつをする。

⑤ 無理を□□《しょうち》でたのむ。

⑥ かさを□□《はいしゃく》する。

✿の漢字は新出漢字の別の読み方です。

⑦ □□□《そんけいご》に直す。

⑧ 親を「　　」《うやまう》。

ここから発展

✿⑨ 目を□《と》じる。

✿⑩ 窓を□《し》める。

✿⑪ 初日の出を□《おが》む。

✿⑫ □《とうと》い命を大切にする。

3 漢字で書きましょう。（〰は、送り仮名も書きましょう。太字は、この回で習った漢字を使った言葉です。）

① にがつはわたしの**たんじょうび**だ。

□

② おんしにたいして**けいい**をしめす。

□

③ **たんにん**からしごとをたのまれる。

□

④ **へいかい**のじかんがちかい。

□

⑤ むずかしいのはひゃくも**しょうち**だ。

□

⑥ せんせいからふでを**はいしゃく**する。

□

⑦ そのばにてきした**そんけいご**でいう。

□

⑧ せんぞを**うやまう**きもちをあらわす。

□

基本のワーク

「迷う」 六年間の思い出をつづろう ――卒業文集

教科書 下76～89ページ

勉強した日 月 日

◆「読み方」の赤い字は教科書で使われている読みです。

「迷う」

81ページ

刻（立てる・とめる・はねる）

刻 りっとう

読み方：コク　きざ**む**

使い方：深刻《しんこく》・時刻《じこく》　野菜を刻《きざ》む

8画

刻刻刻刻刻刻刻刻

漢字の意味。

「刻」には、いろいろな意味があるよ。

①きざむ。 例 ちょう刻《こく》

②時間。 例 夕刻《こく》

③ひどい。 例 深刻《こく》

六年間の思い出をつづろう ――卒業文集

89ページ

優（はねる・はらう）

優 にんべん

読み方：ユウ　(やさ**しい**)　(すぐ**れる**)

使い方：優勝《ゆうしょう》・優先《ゆうせん》・女優《じょゆう》

17画

優優優優優優優優優優優

89ページ

吸（つける位置・はらう）

吸 くちへん

読み方：キュウ　す**う**

使い方：吸収《きゅうしゅう》・吸入《きゅうにゅう》・呼吸《こきゅう》　吸《す》いこむ

6画

吸吸吸吸吸吸

漢字の形に注意。

吸　「乃」は続けて一画で書くよ。

新しい読み方を覚える漢字

81ページ

外《ほか》

思いの外《ほか》

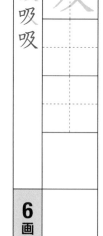

練習のワーク

「迷う」
六年間の思い出をつづろう ――卒業文集

教科書 ㊦76〜89ページ
答え 5ページ

勉強した日　月　日

1 新しい漢字を読みましょう。

① 76ページ 深刻（　　）に迷う。

② 思いの外（　　）よくない結果。

③ 86ページ 優勝（　　）して喜ぶ。

④ 胸いっぱいに吸（　　）いこむ。

ここから発展

✿⑤ 時を刻（　　）む。

✿⑥ 薬を吸入（　　）する。

2 新しい漢字を書きましょう。〔　〕は、送り仮名《がな》も書きましょう。

① 76ページ [しんこく] な問題。

② 思いの [ほか] 時間がかかる。

③ 86ページ 大会で [ゆうしょう] する。

④ 酸素を〔す う〕。

3 漢字で書きましょう。（～～は、送り仮名も書きましょう。太字は、この回で習った漢字を使った言葉です。）

① おもいの**ほか** **しんこく**なけっか。

② はじめてのしあいで**ゆうしょう**する。

③ おおきくいきを**すう**。

✿の漢字は新出漢字の別の読み方です。

冬休み まとめのテスト①

教科書 上96～下89ページ

答え 6ページ

時間20分

得点 /100点

勉強した日 月 日

1 ―線の漢字の読み方を書きましょう。 一つ2（28点）

① 特別な服装で宇宙船の外に出る。

② 誤解された原因を推測する。

③ 窓にかぎをかけるのを忘れる。

④ 絹織物を青く染める。

⑤ 新作映画の看板に胸が高鳴る。

⑥ 先生の素《す》敵なお宅におじゃまする。

⑦ 疑問に思うことを専門家にきく。

2 □は漢字を、〔 〕は漢字と送り仮名《がな》を書きましょう。 一つ2（28点）

① □□《さんぱん》の発表。

② 歯が〔　〕《いたむ》。

③ ごみの□□《かいしゅう》。

④ 蔵書の□□《さっすう》。

⑤ □□《りっぱ》な姿。

⑥ □《はら》をさする。

⑦ □□《かんげき》した一言。

⑧ □□《いっせん》銅貨。

⑨ □□《こめだわら》をかつぐ。

⑩ 会社の□□《かぶぬし》。

⑪ 〔　〕《ほねやすめ》。

⑫ □□《ようさん》農家。

⑬ 私鉄の□□《えんせん》。

⑭ □□□《ないかくふ》。

3 次の熟語の使い方で、正しいほうに○をつけましょう。 一つ1（2点）

① 機械の操作｛ア（　）手段 イ（　）方法｝を覚える。

② 入場を｛ア（　）限定 イ（　）制限｝する。

4 次の漢字の二通りの読み方を書きましょう。 一つ2（20点）

① 困
1 答えがわからず困る。（　　）
2 困難を乗りこえる。（　　）

② 泉
1 有名な温泉をめぐる。（　　）
2 森の泉の水を飲む。（　　）

③ 延
1 試合を延長する。（　　）
2 日程が延びる。（　　）

④ 敬
1 目上の人に敬意をはらう。（　　）
2 先生を敬う。（　　）

⑤ 頂
1 頂上を目指す。（　　）
2 山の頂に立つ。（　　）

5 次の意味に合う熟語になるように、□の漢字を二つずつ組み合わせて□に書きましょう。 一つ2（10点）

① 定期の印刷物を新たに発行すること。

② 聞き入れること。

③ かりることをへりくだっていう語。

④ 節をつけてうたう言葉。

⑤ 物事を見たり考えたりする立場。

点　拝　承　詞　視　創　借　知　歌　刊

6 次の熟語と反対の意味の熟語を、□に書きましょう。 一つ3（12点）

① 安全 ↕ □□

② 開店 ↕ □□

③ 悪意 ↕ □□

④ 拡大 ↕ □□

冬休み まとめのテスト❷

教科書 上96～下89ページ

答え 6ページ

時間 20分

得点 /100点

勉強した日 月 日

1 ――線の漢字の読み方を書きましょう。 一つ2（28点）

① 山頂（　）近くにわく清水（　）を飲む。

② 県庁（　）の窓口に書類を二枚（　）出す。

③ 雑誌（　）のはつばい日が延期（　）される。

④ 真面目（　）な顔で秘密（　）を打ち明ける。

⑤ 多くの民衆（　）がイベントで盛（　）り上がる。

⑥ 胃腸（　）の薬を飲むためコップを拝借（　）する。

⑦ 深刻（　）なミスがあり優勝（　）をのがした。

2 □は漢字を、〔　〕は漢字と送り仮名《がな》を書きましょう。 一つ2（28点）

① 森のおくの□《いずみ》。

② □□《けいざい》活動。

③ □□《こうよう》の季節。

④ 町の□□《はってん》。

⑤ □□《ひてい》的な意見。

⑥ □□《ぼうめい》した政治家。

⑦ □□《じんぎ》を通す。

⑧ □□《せいか》リレー。

⑨ 地図の□□《しゃくど》。

⑩ □□□《たんじょうび》。

⑪ 学級□□《たんにん》。

⑫ 百も□□《しょうち》だ。

⑬ □□□《そんけいご》。

⑭ 息を〔　〕《すう》。

3 次のグループに共通する、音《おん》を表す部分を□に書きましょう。 一つ2(6点)

① 各—格—閣 □

② 反—板—版 □

③ 司—飼—詞 □

4 □に同じ読み方で形の似ている漢字を書きましょう。 一つ2(16点)

①
1 対□(ひ)
2 □(ひ)判

②
1 太陽□(けい)
2 関□(けい)

③
1 天□(てき)
2 □(てき)当

④
1 貯□(ぞう)
2 心□(ぞう)

5 □に同じ訓読みをする漢字を書きましょう。 一つ3(12点)

① ほか
1 自分以外の□の人の考え。
2 思いの□うまくできた。

② す(む)
1 学校の近くに□む。
2 仕事が早く□む。

6 次の漢字の部首名を( )に書きましょう。 一つ2(4点)

① 痛( )

② 律( )

7 ——線のことばを、漢字と送り仮名で書きましょう。 一つ2(6点)

① 文字をあやまる。

② ほおが赤くそまる。

③ 川の流れがはげしい。

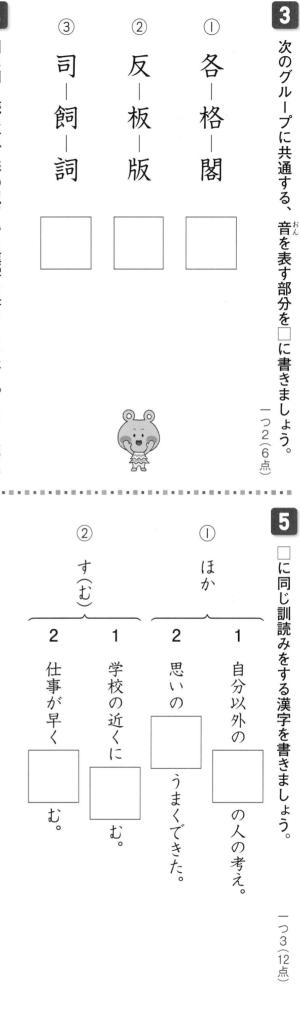

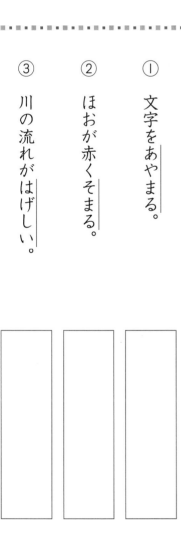

基本のワーク

漢字の広場⑤ 同じ訓をもつ漢字
五年生で学んだ漢字⑤

教科書 下92～94ページ

勉強した日　月　日

◆「読み方」の赤い字は教科書で使われている読みです。●はまちがえやすい漢字です。

漢字の広場⑤ 同じ訓をもつ漢字

92ページ

就 だいのまげあし

（わすれない／立てる／つける位置／はねる）

読み方：シュウ・(ジュ)　(つく)(つける)

使い方：就職《しゅうしょく》・就任《しゅうにん》

12画

「尤」のつく漢字。

「就」の部首は、「尤」(だいのまげあし)。小学校で習う漢字の中で、「尤」のつく漢字は、この字だけだよ。

92ページ

値 にんべん

（折れる）

読み方：チ　ね・(あたい)

使い方：価値《かち》・平均値《へいきんち》　値段《ねだん》・値札《ねふだ》

10画

92ページ

憲 こころ

（立てる／はねる／×四／はねる）

読み方：ケン　―

使い方：憲法学《けんぽうがく》・憲章《けんしょう》　憲法記念日《けんぽうきねんび》

16画

漢字のでき方。

憲　害…「おさえつけるもの」を表す。心…「こころ」を表す。

「きまり」や「おきて」という意味を表すよ。

92ページ

納 いとへん

（はらう／とめる／はねる）

読み方：ノウ・(ナッ)(ナ)(ナン)(トウ)　おさめる・おさまる

使い方：納入《のうにゅう》・税金を納《おさ》める　国庫に納《おさ》まる

10画

93ページ

盟
盟 さら

はねる
長く

読み方
メイ
―

使い方
連盟《れんめい》・加盟《かめい》・同盟《どうめい》

13画

93ページ

革
革 かくのかわ つくりがわ

つき出さない

読み方
カク
（かわ）

使い方
改革《かいかく》・革命《かくめい》・皮革《ひかく》

9画

似た意味をもつ漢字。
「革」はなめした（毛やあぶらを取り、やわらかくした）かわ、「皮」は天然のかわのことだよ。
例 革《かわ》ぐつ・革のかばん
りんごの皮・毛皮

覚えよう！

93ページ

揮
揮 てへん

はねる
長く
はねる

読み方
キ
―

使い方
指揮者《しきしゃ》・発揮《はっき》

12画

93ページ

卵
卵 ふしづくり

はねる
はらう
とめる

読み方
（ラン）
たまご

使い方
卵《たまご》を産む・生卵《なまたまご》

7画

93ページ

寸
寸 すん

はねる

読み方
スン
―

使い方
寸法《すんぽう》・寸前《すんぜん》・原寸《げんすん》

3画

93ページ

鋼
鋼 かねへん

とめる
とめる
はねる

読み方
コウ
（はがね）

使い方
鋼材《こうざい》・鉄鋼業《てっこうぎょう》

16画

93ページ

供
供 にんべん

下を長く
とめる

読み方
キョウ・（ク）
そなえる・とも

使い方
提供《ていきょう》
花を供《そな》える・お供《とも》

8画

ものしりメモ
「一寸」とは、約三センチの長さだよ。昔話にある「一寸法師《いっすんぼうし》」の主人公は、身長が約三センチだったんだ。その小さな体を生かして、おわんの船に乗って京の都へ旅立ったんだね。

練習のワーク

漢字の広場⑤　同じ訓をもつ漢字
五年生で学んだ漢字⑤

教科書 ㊦92～94ページ　答え 6ページ

勉強した日　月　日

1 新しい漢字を読みましょう。

92ページ

① （　　）就職が決まる。

② （　　）価値ある品物。

③ （　　）憲法学の専門家。

④ 税金を（　　）納める。

⑤ スポーツ（　　）連盟。

⑥ （　　）改革を進める。

⑦ 合唱団の（　　）指揮者。

⑧ （　　）卵の大きさ。

⑨ （　　）寸法を測る。

⑩ （　　）鋼材の重さ。

⑪ 花を（　　）供える。

ここから発展

✿⑫ ノートの（　　）値段を調べる。

✿⑬ 品物を（　　）納入する。

✿⑭ 料理を（　　）提供する。

✿⑮ 親のお（　　）供をする。

2 新しい漢字を書きましょう。〔　〕は、送り仮名《がな》も書きましょう。

92ページ

① おもちゃ会社に□《しゅう》□《しょく》する。

② □《か》□《ち》がある本。

③ □《けん》□《ぽう》□《がく》の研究。

✿の漢字は新出漢字の別の読み方です。

④ 学費を（　　）《おさめる》。

⑤ サッカーの□□《れんめい》。

⑥ □□《かいかく》が始まる。

⑦ 音楽の□□□《しきしゃ》。

⑧ □《たまご》を割る。

⑨ テーブルの□□《すんぽう》。

⑩ ビルに□□《こうざい》を使用する。

⑪ 墓に団子を（　　）《そなえる》。

ここから発展

✿⑫ □□《ねだん》が下がる。

✿⑬ 月謝を□□《のうにゅう》する。

✿⑭ 情報を□□《ていきょう》する。

3 漢字で書きましょう。（〰は、送り仮名も書きましょう。太字は、この回で習った漢字を使った言葉です。）

① あねの**しゅうしょく**をいわう。

② **かち**あるしょうりをおさめる。

③ **けんぽうがく**のきょうじゅとなる。

④ ちゅうもんのしなを**おさめる**。

⑤ やきゅう**れんめい**にかにゅうする。

⑥ せいどの**かいかく**をすすめる。

⑦ しきしゃにりっこうほする。

⑧ たまごとさとうをまぜる。

⑨ テレビのすんぽうをけいそくする。

⑩ けんせつげんばにこうざいをはこぶ。

⑪ せきはんをかみだなにそなえる。

4 五年生で学んだ漢字

五年生で習った漢字を書きましょう。〔　〕は、送り仮名《がな》も書きましょう。

① □□《ぼうふう》に注意する。

② 目的地に〔　　〕《みちびく》。

③ 〔　　〕《けわしい》山を登る。

④ 木の□《みき》や□《えだ》。

⑤ □□□《きょうかいせん》を引く。

⑥ 立ち入り□□《きんし》となる。

⑦ □□《ちょすい》タンクを備える。

⑧ 川までの道を□□《おうふく》する。

⑨ □□《けいけん》を積む。

⑩ □□《おおぜい》で作業する。

⑪ □□《しじ》を出す。

⑫ □□《ふうき》を乱さない。

⑬ 隊員の□□《しき》を高める。

⑭ □□《そしき》を□《とう》率《そっ》する。

⑮ □□□《たいしょうぶつ》の発見。

⑯ □□《きょうみ》がわく。

⑰ □□《こうぶつ》の成分を調べる。

⑱ 結果を□□《ほうこく》する。

⑲ □□□《せきにんしゃ》になる。

⑳ 上司に□□《きょか》をもらう。

㉑ ひなを□□《ほご》する。

㉒ □□《べんとう》を食べる。

㉓ 有名な□□□《けんちくぶつ》。

㉔ □□《じゅうきょ》の様子が変わる。

㉕ 昔の暮らしを□□《さいげん》する。

㉖ □□《わたげ》が飛ぶ。

㉗ 畑を（　　《たがやす》）。

㉘ □□《ひりょう》をまく。

㉙ □□《ふんまつ》が手につく。

㉚ （　　《ゆたか》）な実りがある。

㉛ 機械で□□《せいまい》する。

㉜ □□《かいてき》な乗りごこち。

㉝ 川の□□《かこう》付近。

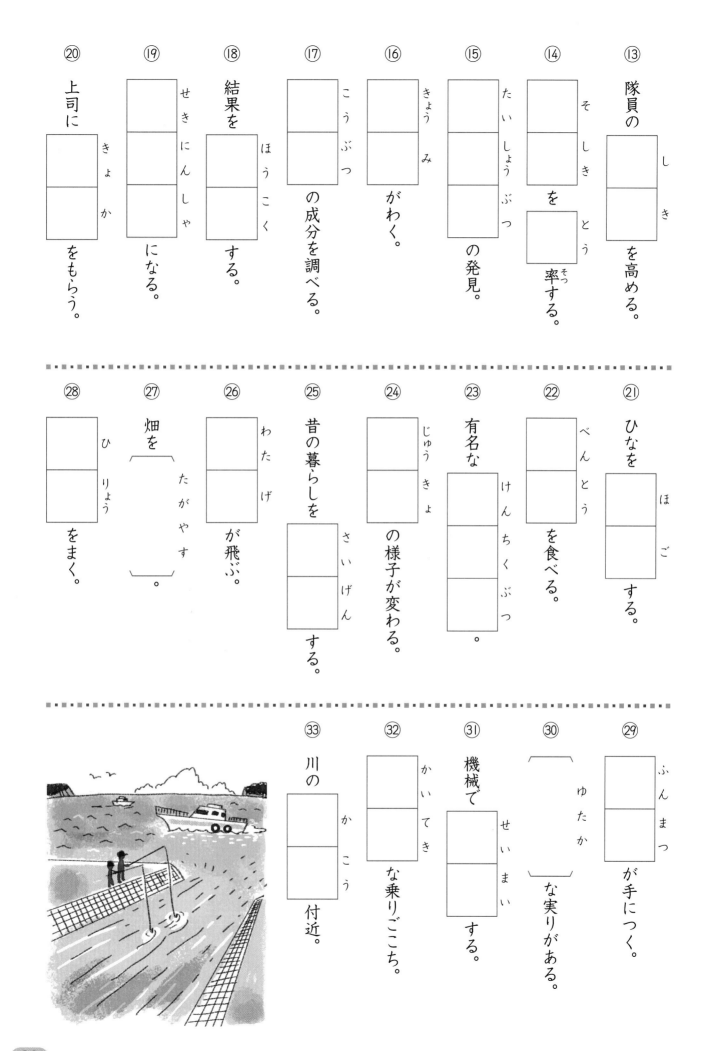

基本のワーク

津田梅子《つだうめこ》 ――未来をきりひらく「人」への思い
言葉の広場⑤ 日本語の文字
漢字の広場⑥ さまざまな読み方／特別な読み方の言葉

教科書 ㊦96〜122ページ

勉強した日　月　日

津田梅子 ――未来をきりひらく「人」への思い

◆「読み方」の赤い字は教科書で使われている読みです。●はまちがえやすい漢字です。

96ページ

幕　はば

幕（少し出す・長く・はねる・はらう）

読み方：マク・バク ／ ―

使い方：開幕《かいまく》・幕《まく》を引く ／ 幕府《ばくふ》・幕末《ばくまつ》

13画

形の似ている漢字。

幕（マク・バク）　例 幕《まく》を引く・幕府《ばく》

暮（く-れる）　例 夕暮《ぐ》れ・山暮《ぐ》らし

墓（ボ・はか）　例 墓《ぼ》地・祖父の墓《はか》

注意！

96ページ

訳　ごんべん

訳（あける・つける位置・はらう）

読み方：ヤク ／ わけ

使い方：通訳《つうやく》・訳《やく》す・点訳《てんやく》 ／ 言い訳《わけ》・訳《わけ》を聞く

11画

99ページ

机　きへん

机（はねる・とめる）

読み方：（キ） ／ つくえ

使い方：机《つくえ》の上・勉強机《べんきょうづくえ》

6画

106ページ

翌　はね

翌（はねる・はねる・立てる）

読み方：ヨク ／ ―

使い方：翌年《よくとし》（よくねん）・翌朝《よくあさ》（よくちょう）・翌日《よくじつ》

11画

112ページ

認　ごんべん

認（あける・わすれない・はねる）

読み方：（ニン） ／ みとめる

使い方：入会を認《みと》める・認《みと》め印

14画

112ページ

潮

潮　さんずい

はねる

読み方

チョウ

しお

使い方

潮流《ちょうりゅう》・満潮《まんちょう》・最高潮《さいこうちょう》

潮風《しおかぜ》・引き潮《しお》

15画

112ページ

障

障　こざとへん

立てる　はねる　下を長く　一番長く

読み方

ショウ

（さわる）

使い方

保障《ほしょう》・故障《こしょう》・障害物《しょうがいぶつ》

14画

注意！

同じ読み方の言葉。

保障《ほしょう》…そこなわれないよう守ること。

例　生活を保障する。

保証《ほしょう》…だいじょうぶだとうけ合うこと。

例　パソコンの保証書。

言葉の広場⑤　日本語の文字

116ページ

宝

宝　うかんむり

立てる　はねる　わすれない　一番長く

読み方

ホウ

たから

使い方

宝石《ほうせき》・財宝《ざいほう》

宝《たから》を探す・宝船《たからぶね》・宝物《たからもの》（ほうもつ）

8画

119ページ

著

著　くさかんむり

長くはらう　下を長く

読み方

チョ

（あらわす）

（いちじるしい）

使い方

著名《ちょめい》・著作《ちょさく》・著者《ちょしゃ》

11画

漢字の意味

漢字の意味。

「著」には、いろいろな意味があるよ。

①はっきりと知られる。　例　著名

②書きあらわす。　例　著書

漢字の広場⑥　さまざまな読み方／特別な読み方の言葉

120ページ

従

従　ぎょうにんべん

はらう

読み方

ジュウ

（ショウ）（ジュ）

したがう・したがえる

使い方

従者《じゅうしゃ》・説明に従《したが》う

家来を従《したが》える

10画

注意！

同じ読み方で形の似ている漢字。

従　（ジュウ）…したがう。　例　従者・従属

縦　（ジュウ）…たて。　例　縦断・縦横

ものしりメモ

「潮《しお》」は、「海水やその満ち引き」のことを表すよ。しょっぱい調味料の「塩《しお》」との使い分けに気をつけよう。

120ページ

劇 りっとう

劇

はねる　とめる　はねる

読み方

ゲキ

―

使い方

劇《げき》をみる・劇場《げきじょう》

15画

漢字の意味。

「劇」には、「げき・おしばい」の意味のほかに、「はげしい」という意味があるよ。

例 劇毒　劇薬

120ページ

乳 おつ

乳

はねる　はねる

読み方

ニュウ

ちち・(ち)

使い方

牛乳《ぎゅうにゅう》・乳製品《にゅうせいひん》

乳《ちち》をしぼる

8画

「乚」のつく漢字。

「乳」の部首は「乚」(おつ)。

ほかに「乱」も「乚」が部首の漢字だよ。

120ページ

朗 つき

朗

立てる　はねる

読み方

ロウ

(ほがらか)

使い方

朗読《ろうどく》・朗報《ろうほう》・明朗《めいろう》

10画

漢字の形に注意。

朗

「阝」にしないように。

「良」ではないよ。

120ページ

覧 みる

覧

はじめに書く　はねる

読み方

ラン

―

使い方

一覧表《いちらんひょう》・閲覧《えつらん》・回覧板《かいらんばん》

17画

特別な読み方の言葉

ページ	言葉	読み
122	博士	はかせ
122	下手	へた
122	迷子	まいご
122	真っ青	まっさお
122	眼鏡	めがね

ものしりメモ

「覧」には、「よくみる、広くながめる」という意味があるよ。「覧」がつく言葉には、「展覧・遊覧・一覧・博覧」などがあるよ。

練習のワーク

津田梅子《つだうめこ》——未来をきりひらく「人」への思い
言葉の広場⑤　日本語の文字
漢字の広場⑥　さまざまな読み方／特別な読み方の言葉

教科書　㊦96～122ページ
答え　7ページ

勉強した日　月　日

1　新しい漢字を読みましょう。

① 96ページ　江戸《えど》幕府（　）に仕える武士。
② アメリカで通訳（　）をする。
③ 西洋式の机（　）。
④ 一八九八年の翌年（　）。
⑤ 研究が認（　）められる。
⑥ 潮流（　）を見きわめる。
⑦ 自由を保障（　）する。
⑧ 114ページ　すぐれた宝（　）。
⑨ 著名（　）な曲を演奏する。
⑩ 120ページ　従者（　）が登場する。
⑪ 劇（　）のことを話題にする。
⑫ 牛乳（　）を飲む。
⑬ 朗読（　）をする。
⑭ 一覧表（　）で確かめる。

⑮ 122ページ　動物博士（　）になる。
⑯ 下手（　）に口を出さない。
⑰ 店で迷子（　）になる。
⑱ 顔が真っ青（　）になる。
⑲ 眼鏡（　）をかける。

ここから発展

✿⑳ 国際大会が開幕（　）する。
✿㉑ 休んだ訳（　）をきく。

✿の漢字は新出漢字の別の読み方です。

✲㉒ 引き潮（　　）の時刻を調べる。

✲㉓ 大きな宝石（　　）が見つかる。

✲㉔ 隊長に従（　　）う。

✲㉕ 乳（　　）しぼりを体験する。

2 新しい漢字を書きましょう。〔　〕は、送り仮名《がな》も書きましょう。

① 96ページ □□《ばくふ》の歴史。

② 英語の□□《つうやく》をする。

③ □《つくえ》の上を片付ける。

④ 優勝の□□《よくとし》に引退する。

⑤ 実力を〔　　〕《みとめる》。

⑥ 時代の□□《ちょうりゅう》に乗る。

⑦ 安全を□□《ほしょう》する。

⑧ 114ページ □《たから》を探す。

⑨ □□《ちょめい》な作家。

⑩ 120ページ □□《じゅうしゃ》の役を任される。

⑪ 人形□《げき》を見る。

⑫ □□《ぎゅうにゅう》を買う。

⑬ 詩を□□《ろうどく》する。

⑭ 地名の□□□《いちらんひょう》。

⑮ 122ページ 植物□□《はかせ》になる。

⑯ □□《へた》の横好き。

⑰ □□《まいご》が見つかる。

⑱ 〔　　〕《まっさお》に染まる。

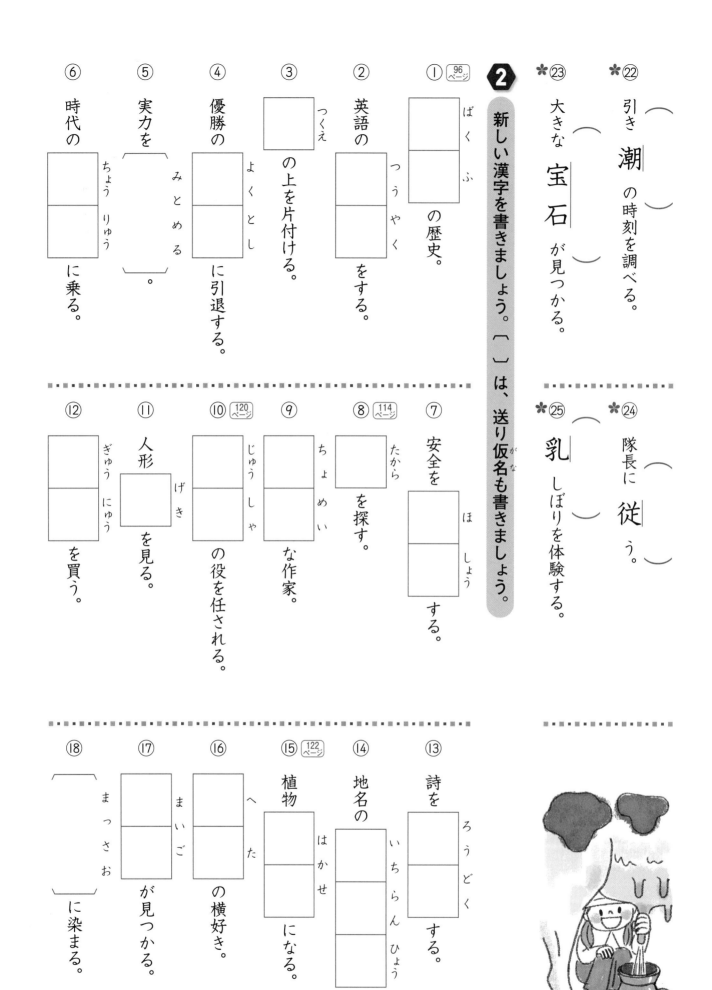

⑲ 〔　　〕《めがね》を忘れる。

3 漢字で書きましょう。（〰は、送り仮名も書きましょう。太字は、この回で習った漢字を使った言葉です。）

① **ばくふ**の**つうやく**としてはたらく。

② **つくえ**をにかいへはこぶ。

③ にゅうしょうさくは**よくとし**きまる。

④ いままでのどりょくを**みとめる**。

⑤ **ちょうりゅう**をよむことがとくいだ。

⑥ しゃかい**ほしょう**せいどのかつよう。

⑦ ふめいの**たから**の**いちらんひょう**。

⑧ **ちょめい**ながくしゃのこうえんかい。

⑨ **げき**で**じゅうしゃ**をえんじる。

⑩ **ぎゅうにゅう**パックをおりたたむ。

⑪ にんきのしょうせつを**ろうどく**する。

6年 仕上げのテスト①

答え 7ページ

時間 20分

得点 /100点

勉強した日 月 日

1

――線の漢字の読み方を書きましょう。 一つ2（28点）

① 日本で著名な憲法学の学者。（　）（　）

② 兄は指揮者の卵だ。（　）（　）

③ 鋼材を同じ寸法にそろえる。（　）（　）

④ 幕府の役人に従者として仕える。（　）（　）

⑤ 通訳の仕方が下手で話が伝わらない。（　）（　）

⑥ 虫博士も真っ青の博学な人。（　）（　）

⑦ 赤い眼鏡を目印に迷子を探す。（　）（　）

2

□は漢字を、（　）は漢字と送り仮名《がな》を書きましょう。 一つ2（28点）

① 兄が□□《しゅうしょく》する。

② 物の□□《かち》。

③ 将棋《ぎ》□□《れんめい》。

④ 組織の□□《かいかく》。

⑤ □《つくえ》の大きさ。

⑥ □□《よくとし》の春。

⑦ 入学を（　）《みとめる》。

⑧ 時代の□□《ちょうりゅう》。

⑨ 安全□□《ほしょう》。

⑩ □《たから》を見せる。

⑪ 昔話の□《げき》。

⑫ □□《ぎゅうにゅう》を飲む。

⑬ 物語の□□《ろうどく》。

⑭ □□□《いちらんひょう》。

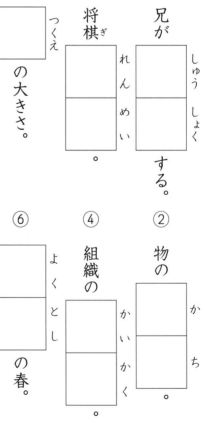

3 □に同じ訓読みをする漢字を書きましょう。 一つ2(12点)

① おさ(める)
1 国家を□める。
2 月謝を□める。
3 本を箱に□める。
4 学問を□める。

② そな(える)
1 災害に□える。
2 神だなに花を□える。

4 次の漢字の総画数を、( )に数字で書きましょう。 一つ2(8点)

① 幕( )画
② 卵( )画
③ 己( )画
④ 吸( )画

5 ――線の漢字の読み方を書きましょう。 一つ2(16点)

① 1 背筋をきたえる。( )
2 背筋が寒くなる。( )

② 1 海の生物の研究をする。( )
2 生物はいたみやすい。( )

③ 1 かれはクラスで人気がある。( )
2 人気のない暗い道。( )

④ 1 色紙でつるを折る。( )
2 色紙にサインをもらう。( )

6 次の部分には、それぞれ同じ部首がつきます。その部首をア～エから一つ選び、( )に記号で答えましょう。 一つ2(8点)

① 明 兴 成( )
② 章 余 毕( )
③ 害 亥 半( )
④ 直 非 憂( )

ア こざとへん
イ りっとう
ウ さら
エ にんべん

6年 仕上げのテスト②

答え 8ページ

時間 20分

得点 /100点

勉強した日 月 日

1 ——線の漢字の読み方を書きましょう。 一つ2（28点）

① （　）貴金属は（　）磁石にくっつかない。

② （　）諸問題をすばやく（　）処理する。

③ （　）皇后陛下が（　）郷土資料館を訪問される。

④ （　）論題について各（　）党首が自説を述べる。

⑤ （　）警察署に落とし物を（　）届ける。

⑥ （　）我々人間を取り（　）巻く環《かん》境のことを考える。

⑦ 新しい（　）視点から的を（　）射た発言をする。

2 □は漢字を、（　）は漢字と送り仮名《がな》を書きましょう。 一つ2（28点）

① 足の□《うら》。

② 車を（　）《おりる》。

③ □□《ゆうびん》を出す。

④ □□《いじょう》な事態。

⑤ □□《さんわり》の打率。

⑥ 親に□□《こうこう》する。

⑦ □《すがた》を現す。

⑧ □□□《しんようじゅ》。

⑨ 布を□□《さいだん》する。

⑩ （　）《わかい》世代。

⑪ □《すな》で遊ぶ。

⑫ 夏《げ》□《し》が近づく。

⑬ 身軽な□□《ふくそう》。

⑭ 移動の□□《しゅだん》。

3 次のことばのうち送り仮名がまちがっているものを一つ選び、○をつけましょう。 一つ2(8点)

①
ア（　）難しい
イ（　）細かい
ウ（　）幼ない
エ（　）危ない

②
ア（　）暮らす
イ（　）探がす
ウ（　）垂らす
エ（　）冷やす

③
ア（　）預ける
イ（　）縮まる
ウ（　）訪ねる
エ（　）余まる

④
ア（　）洗う
イ（　）従う
ウ（　）逆う
エ（　）構う

4 □にあてはまる漢字を□から選んで書き、熟語を作りましょう。（　）にはその熟語の読み方を書きましょう。 一つ2(16点)

① 展□（　　）
② 政□（　　）
③ 階□（　　）
④ 食□（　　）

欲　策　条
示　作　層

5 □に同じ音読みをする熟語を書きましょう。 一つ2(12点)

① セイカ
1 オリンピックの□□台。
2 研究の□□。

② ソウゾウ
1 独自の文化を□□する。
2 □□上の生き物。

③ シキ
1 オーケストラを□□する。
2 □□の風物。

6 次のことばと組み合わせると四字熟語になることばを□から選び、□に書きましょう。 一つ2(8点)

① 一進□□
② 右往□□
③ 意気□□
④ 起承□□

転結　投合　左往　一退

6年 仕上げのテスト③

時間 20分

得点 /100点

勉強した日 月 日

答え 8ページ

1

——線の漢字の読み方を書きましょう。 一つ1(14点)

① 立派(　　)な旅館で骨休(　　)めをする。

② 株主(　　)の意見を聞いて経営を改善(　　)する。

③ 作品に否定(　　)的な批評(　　)を書く。

④ 肺臓(　　)の図の尺度(　　)を測る。

⑤ 担任(　　)の先生に尊敬語(　　)を使う。

⑥ 能力が認(　　)められて会社に就職(　　)する。

⑦ 机(　　)の上に牛乳(　　)を入れたコップを置く。

2

□は漢字を、(　)は漢字と送り仮名《がな》を書きましょう。 一つ2(28点)

① 店の□□《かんばん》。

② □《むね》を張る。

③ □□□《せんもんか》。

④ □□《にまい》の紙。

⑤ 合唱曲の□□《かし》。

⑥ □□《ざっし》を読む。

⑦ □□《ちゅうせい》をちかう。

⑧ 日程の□□《えんき》。

⑨ 皿に(　　)《もる》。

⑩ 世界の□□《しゅうきょう》。

⑪ 日本の□□《ほうりつ》。

⑫ □《たまご》を焼く。

⑬ 英語の□□《つうやく》。

⑭ □□《ちょめい》な画家。

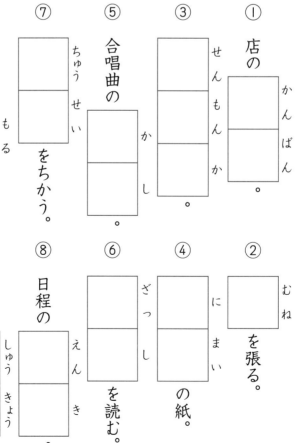

3 ――線の言葉を、漢字と送り仮名で書きましょう。 一つ2（10点）

① 風でかみがみだれる。

② 消しゴムをわすれる。

③ おみやげをいただく。

④ 校門がしまる。

⑤ 事実かどうかうたがう。

4 次の漢字の部首名を（　）に、総画数を□に数字で書きましょう。 一つ1（6点）

① 窓（　　）□画

② 郵（　　）□画

③ 密（　　）□画

5 次の漢字の二通りの読み方を書きましょう。 一つ1（8点）

① 値
1 品物の価値を見きわめる。（　　）
2 野菜の値段が上がる。（　　）

② 潮
1 潮風がふく。（　　）
2 満潮の時間になる。（　　）

③ 蚕
1 都内で養蚕を営む。（　　）
2 蚕がくわの葉を食べる。（　　）

④ 傷
1 傷口を消毒する。（　　）
2 転んで軽傷を負う。（　　）

6 次の漢字と似た意味の漢字を□から選んで□に書き、熟語を作りましょう。（　）にはその熟語の読み方を書きましょう。 一つ1（6点）

① □納（　　）

② 死□（　　）

③ □朗（　　）

明	亡	説
冷	共	収

7 □に同じ訓読みをする漢字を書きましょう。 一つ2（12点）

① つと（める）
1 工場に□める。
2 解決に□める。
3 主役を□める。

② うつ（す）
1 水面に顔を□す。
2 カメラで□す。
3 場所を□す。

8 熟語が三つずつできるように、■にあてはまる共通の漢字を□に書きましょう。 一つ1（2点）

① ■茶・■葉・■白…□
② ■様・■型・規■…□

9 次の漢字には、それぞれ同じ部首がつきます。□にその部首を書きましょう。 一つ1（2点）

① 貴　告　車……□
② 広　舎　喿……□

10 □に同じ部分と音《おん》をもつ漢字を書きましょう。 一つ2（12点）

① フク
1 □痛に苦しむ。
2 □数の例を出す。
3 授業の□習をする。

② ショ
1 外国を旅する。（□）
2 □中見まいが届く。
3 消防□の場所をたずねる。

教科書ワーク

答えとてびき

「答えとてびき」は、とりはずすことができます。

教育出版版
漢字6年

使い方

まちがえた問題は確実に書けるまで、くり返し書いて練習することが大切です。この本で、教科書に出てくる漢字の使い方を覚えて、漢字の力を身につけましょう。

●教科書　ひろがる言葉　小学国語六上

あの坂をのぼれば　言葉の文化①　春はあけぼの

4・5ページ　練習のワーク

1
①せすじ　②おさな　③うら　④ふる
⑤じじゃく　⑥ふ　⑦ゆうぐ　⑧はい
⑨お　⑩あたた　⑪わたし（わたくし）
⑫はいけい　⑬きんにく　⑭ようちゅう
⑮こうふん　⑯じょうこうきゃく
⑰かんだんけい　⑱してつ

2
①背筋　②幼い　③裏　④奮う　⑤磁石
⑥降る　⑦夕暮れ　⑧灰　⑨降りる
⑩暖かい　⑪私　⑫筋肉　⑬幼虫

3
①こわい物語に背筋がこおる。
②幼い弟と買い物に行く。
③磁石を使う実験をする。
④火山地帯に灰が降る。
⑤夕暮れ時までに村へ帰る。
⑥私の家の中は暖かい。

言葉の広場①　主語と述語の対応をかくにんしよう　漢字の広場①　三字以上の熟語の構成　五年生で学んだ漢字①

10～13ページ　練習のワーク

1
①しょうらい　②じゅくご　③なら
④しょもんだい　⑤ききんぞく
⑥ぼうじしゃく　⑦えんそうかい
⑧でんしゃちん　⑨ちゅうかんそう
⑩じこ　⑪いったい　⑫ゆうびんぶつ
⑬いさん　⑭しょりじょう　⑮じょうき
⑯たいさく　⑰だいこんらん　⑱だいきぼ
⑲にゅうじょうけん　⑳みだ　㉑もけい

2
①将来　②熟語　③並ぶ　④諸問題
⑤貴金属　⑥棒磁石　⑦演奏会　⑧電車賃
⑨中間層　⑩自己　⑪一退　⑫郵便物
⑬遺産　⑭処理場　⑮蒸気　⑯対策
⑰大混乱　⑱大規模　⑲入場券　⑳乱
㉑模型

3
①熟語のテスト対策を練る。
②貴金属がたなに並ぶ。
③家族の諸問題を考える。
④大規模な演奏会の計画。
⑤往復の電車賃を調べる。
⑥自己実現のために努力する。
⑦一進一退の状態だ。
⑧郵便物を配達する。
⑨やかんから白い蒸気が出る。
⑩入場券を二まい買う。

4
①告げる　②事務　③任す　④用件
⑤職員　⑥応対　⑦通過　⑧額　⑨解説
⑩賞　⑪好評　⑫絶賛　⑬布　⑭制服
⑮見張り　⑯犯罪防止　⑰防災　⑱非常
⑲銅像　⑳移動　㉑老眼鏡　㉒迷う

㉓判定 ㉔素材 ㉕知識 ㉖不在
㉗殺風景

アイスは暑いほどおいしい？ ――グラフの読み取り
雪は新しいエネルギー ――未来へつなぐエネルギー社会

18〜21ページ 練習のワーク

❶
①たてほうこう ②いじょう ③きき
④そんざい ⑤じょせつ ⑥れいぞうこ
⑦ほぞん ⑧とう ⑨ちいき ⑩よ
⑪しゅのう ⑫さんわり ⑬す
⑭かくだい ⑮せんげん ⑯きょうど
⑰ほじょ ⑱てんのうへいか
⑲こうごうへいか ⑳とうしゅ
㉑たんじゅん ㉒さんけん ㉓こうこう
㉔きび ㉕きず ㉖じゅうだん ㉗あぶ
㉘のぞ ㉙わ ㉚ししゃ ㉛おぎな
㉜げんしゅ ㉝けいしょう

❷
①縦方向 ②異常 ③危機 ④存在
⑤除雪 ⑥冷蔵庫 ⑦保存 ⑧糖 ⑨地域
⑩呼ぶ ⑪首脳 ⑫三割 ⑬捨てる
⑭拡大 ⑮宣言 ⑯郷土 ⑰補助
⑱天皇陛下 ⑲皇后陛下 ⑳党首 ㉑単純
㉒三権 ㉓孝行 ㉔厳しい ㉕傷 ㉖縦断
㉗危 ㉘除 ㉙割 ㉚四捨 ㉛補 ㉜厳守
㉝軽症

❸
①縦方向のグラフで示す。
②異常な寒さが続く。
③絶体絶命の危機。
④道路の除雪を急ぐ。
⑤古い冷蔵庫を修理する。
⑥長期間保存する。
⑦地域の人口が三割も減る。
⑧自分の家に友人を呼ぶ。
⑨二つの国の首脳の写真。
⑩地図を拡大して表示する。
⑪郷土への愛が強い。
⑫天皇陛下と皇后陛下。
⑬党首会談が実現する。
⑭単純明快な構造。
⑮三権分立の仕組みを学ぶ。

パネルディスカッション ――地域の防災

23ページ 練習のワーク

❶
①ろんだい ②とうろん ③なん
④かんけつ ⑤むずか

❷
①論題 ②討論 ③難 ④簡潔

❸
①会議の論題を決定する。
②白熱した討論となる。
③走ることなく静かにひ難する。

言葉の文化② 雨
漢字の広場② 複数の意味をもつ漢字
五年生で学んだ漢字②

27〜30ページ 練習のワーク

❶
①はいく ②あまだ ③ごげん ④すがた
⑤はりしごと ⑥うんしん
⑦しんようじゅ ⑧あず ⑨けいさつしょ
⑩きんむ ⑪われわれ ⑫そうさ
⑬さいだん ⑭りんじ ⑮すいちょく
⑯みなもと ⑰しせい ⑱よきん ⑲つと
⑳さば

❷
①俳句 ②雨垂れ ③語源 ④姿
⑤針仕事 ⑥運針 ⑦針葉樹 ⑧預ける
⑨警察署 ⑩勤務 ⑪我々（我我）
⑫操作 ⑬裁断 ⑭臨時 ⑮垂直 ⑯源
⑰姿勢 ⑱預金 ⑲勤 ⑳裁

❸
①俳句に秋の季語を入れる。
②言葉の意外な語源におどろく。
③母は針仕事が得意だ。
④警察署で道順をきく。
⑤臨時で図書館に勤務する。
⑥新製品の操作を覚える。

❹
①提出 ②設計図 ③模型 ④仮定
⑤証明 ⑥略図 ⑦資料 ⑧比べる
⑨平均 ⑩効率 ⑪実態 ⑫減少 ⑬技術
⑭測定 ⑮余る ⑯事故防止 ⑰破損
⑱限界 ⑲圧力 ⑳停止 ㉑酸素

㉒液体・混ぜる ㉓容器 ㉔燃料 ㉕構造
㉖修理 ㉗複雑 ㉘製品・検査 ㉙規則
㉚出航 ㉛輸出 ㉜貿易 ㉝国際的
㉞利益

川とノリオ
読書の広場① 地域の施設を活用しよう

35〜37ページ 練習のワーク

1
①わか ②あら ③うつ ④かたいっぽう
⑤ま ⑥すな ⑦あなぐら ⑧さが
⑨ばん ⑩ほ ⑪うつ ⑫こくう ⑬し
⑭おん ⑮した ⑯い ⑰ざ ⑱よく
⑲とど ⑳たず ㉑せんめんき
㉒じょうかん ㉓まきがみ ㉔さてつ
㉕かんがい ㉖いた ㉗はんしゃ

2
①若い ②洗う ③映る ④片一方
⑤巻く ⑥砂 ⑦穴倉 ⑧探す ⑨晩
⑩干す ⑪映す ⑫穀雨 ⑬至 ⑭恩
⑮舌 ⑯射る ⑰座 ⑱欲 ⑲届ける
⑳訪ねる ㉑洗面器 ㉒上巻 ㉓砂鉄
㉔反射

3
①砂でよごれた服を洗う。
②くつの片一方を拾う。
③うでに巻く布を探す。
④穴倉でいく晩も過ごす。
⑤屋内に下着を干す。

⑥お世話になった恩を感じる。
⑦舌の動きを鏡で見る。
⑧遠くにある的を射る。
⑨主役の座を手に入れる。
⑩大量にほしいと欲をかく。

夏休み まとめのテスト①・②

38・39ページ まとめのテスト①

1
①うら・おさな ②あたた・ゆうぐ
③しょうらい・えんそうかい
④でんしゃちん・にゅうじょうけん
⑤こんらん・たいさく
⑥ちいき・じょせつ
⑦てんのうへいか・せんげん

2
①背筋 ②奮う ③灰 ④私 ⑤熟語
⑥貴金属 ⑦棒磁石 ⑧自己 ⑨処理
⑩危機 ⑪拡大 ⑫単純 ⑬三権 ⑭傷

3
①エ ②イ ③ウ ④ア ⑤エ ⑥イ

4
①さんずい・ウ ②まだれ・ア
③にくづき・イ ④くちへん・エ

5
①1たて 2じゅう ②1そん 2ぞん
③1も 2ぼ ④1すな 2さ
⑤1しん 2はり

6
①ア ②ア

てびき

2 ⑧同じ読み方の言葉の「事故」とまちがえないよう、意味をよく考えて書きましょう。

3 意味がどこで切れるのかを考えましょう。

4 ③「にくづき」は、体や肉に関係する漢字につく部首で、「にくづき」の漢字にはほかに「脈」や「背」などがあります。

6 ①「阝(こざとへん)」の筆順を正しく覚えましょう。
②「辶(しんにょう・しんにゅう)」は、あとから書きます。

40・41ページ まとめのテスト②

1
①なん・とうろん ②あまだ・はいく
③すがた・そうさ ④りんじ・うつ
⑤わか・ほ ⑥すな・あら
⑦あなぐら・さが

2
①語源 ②針仕事 ③預ける ④警察署
⑤我々(我我) ⑥片一方 ⑦晩 ⑧穀雨
⑨恩 ⑩舌 ⑪座 ⑫欲 ⑬届ける
⑭訪ねる

3
①並ぶ ②補う ③厳しい ④捨てる

4
①イ ②イ ③イ ④ア

5
①1暖 2温 ②1片 2型

6 ①1オ　2ア　②1ウ　2カ　③1イ　2エ

7 ①15（十五）　②11（十一）　③9（九）　④16（十六）

てびき

1 ②「雨垂れ」は、「雨」を「あめ」ではなく「あま」と読むことや「垂」を「だ（れ）」とにごって読むことに注意しましょう。

3 ②「補なう」としないように気をつけましょう。

4 ②「当分」は、「しばらく」という意味です。

5 ①「暖かい」と「温かい」の使い分けに迷ったら、反対の意味の言葉を文にあてはめて、意味が通じるか確かめてみるとよいでしょう。「暖かい」の反対は「寒い」、「温かい」の反対は「冷たい」です。

6 ②1「至急」は「非常に急ぐこと」という意味の言葉、2「夏至《げ》」は「夏にいたる」という意味で、一年で最も昼間が長い日のことを表す言葉です。

7 ③「己」の部分を三画で書くことに注意しましょう。

聞かせて！「とっておき」の話　言葉の文化③　「知恵の言葉」を集めよう　あなたは作家　ほか

44～47ページ　練習のワーク

1 ①さんぱん　②いた　③いた　④ふくそう　⑤してん　⑥うちゅうせん　⑦ごかい　⑧かいしゅう　⑨さっすう　⑩すいそく　⑪しゅだん　⑫ずつう　⑬あやま　⑭おさ

2 ①三班　②痛み　③痛い　④服装　⑤視点　⑥宇宙船　⑦誤解　⑧回収　⑨冊数　⑩推測　⑪手段　⑫頭痛　⑬誤　⑭収

3 ①三班には男子が四人いる。②朝から背中の痛みが続く。③気温に合う服装を選ぶ。④新たな視点で物事を見る。⑤宇宙船を想像してかく。⑥誤解を招く行いはしない。⑦古紙や新聞を回収する。⑧借りる冊数を確かめる。⑨最終手段を実行する。

4 ①序曲　②演　③招待状　④医師　⑤消毒　⑥脈　⑦清潔　⑧衛生　⑨囲む　⑩妻　⑪婦　⑫似る　⑬支配人　⑭喜ぶ　⑮編集　⑯貧しい　⑰発刊　⑱出版　⑲財政　⑳増税　㉑原因　㉒条例　㉓講義　㉔断言　㉕教授　㉖本堂　㉗仏像　㉘墓地　㉙先祖　㉚不慣れ　㉛価格　㉜接客　㉝営業中　㉞出費　㉟領収書

●教科書　ひろがる言葉　小学国語六下

きつねの窓

52～54ページ　練習のワーク

1 ①まど　②そ　③かんばん　④むね　⑤りっぱ　⑥てき　⑦そ　⑧はら　⑨かんげき　⑩いっせん　⑪こま　⑫わす　⑬きぬおりもの　⑭こめだわら　⑮かぶぬし　⑯ほねやす　⑰ようさんぎょう　⑱えんせん　⑲たく　⑳どうそうかい　㉑どきょう　㉒はげ　㉓こんく　㉔どひょう　㉕こっせつ　㉖かいこ　㉗そ

2 ①窓　②染め　③看板　④胸　⑤立派　⑥敵　⑦染まる　⑧腹　⑨感激　⑩一銭　⑪困る　⑫忘れる　⑬絹織物　⑭米俵　⑮株主　⑯骨休め　⑰養蚕業　⑱沿線　⑲宅　⑳同窓会　㉑度胸　㉒激　㉓困苦　㉔土俵　㉕骨折　㉖蚕　㉗沿

3 ①空気を入れるため窓を開ける。②立派な看板がある雑貨店。③胸を打つ実話を二つ挙げる。④す敵な歌声に感激する。⑤ペンを忘れると困ることになる。

⑥沿線にある絹織物の店。
⑦故郷の湯で骨休めをする。

十二歳の主張

56ページ 練習のワーク

1
①ぎもん ②かいぜん ③せんもんか
④ないかくふ ⑤うたが ⑥よ

2
①疑問 ②改善 ③専門家 ④内閣府

3
①生活の乱れを改善する。
②料理の専門家となる。
③内閣府の調査結果。

漢字の広場④ 音を表す部分 五年生で学んだ漢字④

60〜62ページ 練習のワーク

1
①しみず ②たんしゅく ③さんちょう
④けんちょう ⑤にまい ⑥いずみ
⑦ひひょう ⑧かし ⑨ざっし
⑩そうかんごう ⑪ちゅうせい ⑫えんき
⑬けいざい ⑭ちぢ ⑮いただ
⑯おんせん ⑰の ⑱す

2
①清水 ②短縮 ③山頂 ④県庁 ⑤二枚
⑥泉 ⑦批評 ⑧歌詞 ⑨雑誌 ⑩創刊号
⑪忠誠 ⑫延期 ⑬経済 ⑭縮 ⑮延

3
①桜 ②感謝 ③厚い・友情 ④永久
⑤寄せ ⑥夢 ⑦意志 ⑧正確 ⑨留学
⑩所属 ⑪可能性 ⑫歴史 ⑬旧校舎
⑭飼育 ⑮武道 ⑯質問 ⑰貸す ⑱語句
⑲記述 ⑳準備 ㉑日程 ㉒採点基準
㉓成績 ㉔逆転 ㉕得点 ㉖団体
㉗総力戦 ㉘独走 ㉙個人 ㉚救護所

あなたはどう感じる? ぼくの世界、君の世界

66・67ページ 練習のワーク

1
①こうよう ②まじめ ③も ④ひみつ
⑤はってん ⑥ひてい ⑦ぼうめい
⑧しゅうきょう ⑨けいとう ⑩じんぎ
⑪せいか ⑫しゃくど ⑬はいぞう
⑭ほうりつ ⑮みんしゅう ⑯いちょう
⑰くちべに

2
①紅葉 ②真面目 ③盛り ④秘密
⑤発展 ⑥否定 ⑦亡命 ⑧宗教 ⑨系統
⑩仁義 ⑪聖火 ⑫尺度 ⑬肺臓 ⑭法律
⑮民衆 ⑯胃腸

3
①民衆の間の宗教。
②仁義より法律を重んじる。
③肺臓と胃腸の検査をする。

「うれしさ」って何? ――哲学対話をしよう 言葉の広場④ その場にふさわしい言い方

70・71ページ 練習のワーク

1
①たんじょうび ②けいい ③たんにん
④へいかい ⑤しょうち ⑥はいしゃく
⑦そんけいご ⑧うやま ⑨と ⑩し
⑪おが ⑫とうと(たっと)

2
①誕生日 ②敬意 ③担任 ④閉会
⑤承知 ⑥拝借 ⑦尊敬語 ⑧敬う ⑨閉
⑩閉 ⑪拝 ⑫尊

3
①二月は私の誕生日だ。
②恩師に対して敬意を示す。
③担任から仕事をたのまれる。
④閉会の時間が近い。
⑤難しいのは百も承知だ。
⑥先生から筆を拝借する。
⑦その場に適した尊敬語で言う。
⑧先祖を敬う気持ちを表す。

「迷う」 六年間の思い出をつづろう ――卒業文集

73ページ 練習のワーク

1
①しんこく ②ほか ③ゆうしょう ④す
⑤きざ ⑥きゅうにゅう

❷ ①深刻 ②外 ③優勝 ④吸う

❸ ①思いの外深刻な結果。
②初めての試合で優勝する。
③大きく息を吸う。

冬休み　まとめのテスト①・②

74・75ページ　まとめのテスト❶

1 ①ふくそう・うちゅうせん
②ごかい・すいそく ③まど・わす
④きぬおりもの・そ ⑤かんばん・むね
⑥てき・たく ⑦ぎもん・せんもんか

2 ①三班 ②痛む ③回収 ④冊数 ⑤立派
⑥腹 ⑦感激 ⑧一銭 ⑨米俵 ⑩株主
⑪骨休め ⑫養蚕 ⑬沿線 ⑭内閣府

3 ①イ ②イ

4 ①1こま 2こん ②1せん 2いずみ
③1えん 2の ④1けい 2うやま
⑤1ちょう 2いただき

5 ①創刊 ②承知 ③拝借 ④歌詞 ⑤視点

6 ①危険 ②閉店 ③善意 ④縮小

てびき

2 ⑤「派」は、右側の部分の書き方に注意します。四画めと五画め、六画めと七画め、八画めと九画めは続けて書かず、六画で書くようにしましょう。

4 ③2「延びる」は、時間が長引いたり予定の日時が先に送られたりするときに使います。

6 ②「開」と反対の意味をもつ漢字を考えるとわかりやすいでしょう。

76・77ページ　まとめのテスト❷

1 ①さんちょう・しみず
②けんちょう・にまい ③ざっし・えんき
④まじめ・ひみつ ⑤みんしゅう・も
⑥いちょう・はいしゃく
⑦しんこく・ゆうしょう

2 ①泉 ②経済 ③紅葉 ④発展 ⑤否定
⑥亡命 ⑦仁義 ⑧聖火 ⑨尺度
⑩誕生日 ⑪担任 ⑫承知 ⑬尊敬語
⑭吸う

3 ①各 ②反 ③司

4 ①1比 2批 ②1系 2係
③1敵 2適 ④1蔵 2臓

5 ①1他 2外 ②1住 2済

6 ①やまいだれ ②ぎょうにんべん

7 ①誤る ②染まる ③激しい

てびき

2 ④「展」は、同じ「テン」という音読みをする「典」や「転」とまちがえないようにしましょう。

3 それぞれの漢字は、①は全て「カク」、②は全て「ハン」、③は全て「シ」と音読みします。

5 ①ある物事（人・場所）と別の物事を指すときは「他」を、あるはんいをこえているというときは「外」を使います。

7 ①「誤る」はまちがえるという意味です。

漢字の広場⑤　同じ訓をもつ漢字　五年生で学んだ漢字⑤

80〜83ページ　練習のワーク

❶ ①しゅうしょく ②かち ③けんぽうがく
④おさ ⑤れんめい ⑥かいかく
⑦しきしゃ ⑧たまご ⑨すんぽう
⑩こうざい ⑪そな ⑫ねだん
⑬のうにゅう ⑭ていきょう ⑮とも

❷ ①就職 ②価値 ③憲法学 ④納める
⑤連盟 ⑥改革 ⑦指揮者 ⑧卵 ⑨寸法
⑩鋼材 ⑪供える ⑫値段 ⑬納入
⑭提供

❸ ①姉の就職を祝う。
②価値ある勝利を収める。
③憲法学の教授となる。

④注文の品を納める。
⑤野球連盟に加入する。
⑥制度の改革を進める。
⑦指揮者に立候補する。
⑧卵と砂糖を混ぜる。
⑨テレビの寸法を計測する。
⑩建設現場に鋼材を運ぶ。
⑪赤飯を神だなに供える。

4
①暴風 ②導く ③険しい ④幹・枝
⑤境界線 ⑥禁止 ⑦貯水 ⑧往復
⑨経験 ⑩大勢 ⑪指示 ⑫風紀 ⑬士気
⑭組織・統 ⑮対象物 ⑯興味 ⑰鉱物
⑱報告 ⑲責任者 ⑳許可 ㉑保護
㉒弁当 ㉓建築物 ㉔住居 ㉕再現
㉖綿毛 ㉗耕す ㉘肥料 ㉙粉末 ㉚豊か
㉛精米 ㉜快適 ㉝河口

津田梅子 ——未来をきりひらく「人」への思い
言葉の広場⑤ 日本語の文字
漢字の広場⑥ さまざまな読み方 ほか

87~89ページ 練習のワーク

1
①ばくふ ②つうやく ③つくえ
④よくとし(よくねん) ⑤みと
⑥ちょうりゅう ⑦ほしょう ⑧たから
⑨ちょめい ⑩じゅうしゃ ⑪げき
⑫ぎゅうにゅう ⑬ろうどく
⑭いちらんひょう ⑮はかせ ⑯へた
⑰まいご ⑱ま・さお ⑲めがね
⑳かいまく ㉑わけ ㉒しお ㉓ほうせき
㉔したが ㉕ちち

2
①幕府 ②通訳 ③机 ④翌年 ⑤認める
⑥潮流 ⑦保障 ⑧宝 ⑨著名 ⑩従者
⑪劇 ⑫牛乳 ⑬朗読 ⑭一覧表 ⑮博士
⑯下手 ⑰迷子 ⑱真っ青 ⑲眼鏡

3
①幕府の通訳として働く。
②机を二階へ運ぶ。
③入賞作は翌年決まる。
④今までの努力を認める。
⑤潮流を読むことが得意だ。
⑥社会保障制度の活用。
⑦不明の宝の一覧表。
⑧著名な学者の講演会。
⑨劇で従者を演じる。
⑩牛乳パックを折りたたむ。
⑪人気の小説を朗読する。

6年 仕上げのテスト①~③

90・91ページ 仕上げのテスト❶

1
①ちょめい・けんぽうがく
②しきしゃ・たまご
③こうざい・すんぽう
④ばくふ・じゅうしゃ ⑤つうやく・へた
⑥はかせ・ま・さお ⑦めがね・まいご

2
①就職 ②価値 ③連盟 ④改革 ⑤机
⑥翌年 ⑦認める ⑧潮流 ⑨保障 ⑩宝
⑪劇 ⑫牛乳 ⑬朗読 ⑭一覧表

3
①1治 2納 3収 4修 ②1備 2供

4
①13(十三) ②7(七) ③3(三)
④6(六)

5
①1はいきん 2せすじ
②1せいぶつ 2なまもの
③1にんき 2ひとけ
④1いろがみ 2しきし

6
①ウ ②ア ③イ ④エ

てびき

1 ④「従者」は、供をする人のことです。

3 ①2お金や品物を相手にきちんとわたるようにする、という意味のときは「納める」を使います。

5 同じ漢字でありながら、複数の読み方がある言葉はほかに、「下手(へた・しもて)」、「風車(ふうしゃ・かざぐるま)」などがあります。

6 ア「こざとへん(阝)」、エ「にんべん(亻)」などの「へん」は漢字の左側につくことを覚えておきましょう。また、イ「りっとう(刂)」は「つくり」で右側に、ウ「さら(皿)」は下につきます。

92・93ページ 仕上げのテスト②

1 ①ききんぞく・じしゃく ②しょもんだい・しょり ③こうごう・きょうど ④ろんだい・とうしゅ ⑤けいさつしょ・とど ⑥われわれ・ま ⑦してん・い

2 ①裏 ②降りる ③郵便 ④異常 ⑤三割 ⑥孝行 ⑦姿 ⑧針葉樹 ⑨裁断 ⑩若い ⑪砂 ⑫至 ⑬服装 ⑭手段

3 ①ウ ②イ ③エ ④ウ

4 ①示・てんじ ②策・せいさく ③層・かいそう ④欲・しょくよく

5 ①1聖火 2成果 ②1創造 2想像 ③1指揮 2四季

6 ①一退 ②左往 ③投合 ④転結

てびき

2 ②「下りる」としないように気をつけましょう。

4 ②「策」は形の似た「築」とまちがえて「チク」と読まないように気をつけましょう。

5 ③1「指揮」とは、人間の集団を指図して動かすことや、音楽の演奏に指示を出すことです。

6 ②「右往左往」とは、あっちへ行ったりこっちへ来たりして混乱することです。
③「意気投合」とは、気が合うことです。

94～96ページ 仕上げのテスト③

1 ①りっぱ・ほねやす ②かぶぬし・かいぜん ③ひてい・ひひょう ④はいぞう・しゃくど ⑤たんにん・そんけいご ⑥みと・しゅうしょく ⑦つくえ・ぎゅうにゅう

2 ①看板 ②胸 ③専門家 ④二枚 ⑤歌詞 ⑥雑誌 ⑦忠誠 ⑧延期 ⑨盛る ⑩宗教 ⑪法律 ⑫卵 ⑬通訳 ⑭著名

3 ①乱れる ②忘れる ③頂く ④閉まる ⑤疑う

4 ①あなかんむり・11(十一) ②おおざと・11(十一) ③うかんむり・11(十一)、

5 ①1ち 2ね ②1しお 2ちょう ③1さん 2かいこ ④1きず 2しょう

6 ①収・しゅうのう ②亡・しぼう ③明・めいろう

7 ①1勤 2努 3務 ②1映 2写 3移

8 ①紅 ②模

9 ①辶 ②扌

10 ①1腹 2複 3復 ②1諸 2暑 3署

てびき

2 ③「門」を「問」としないようにしましょう。

3 ③「頂」には、送り仮名《がな》のつかない「いただき」の訓読みもあるので注意しましょう。

4 ①「窓」は「うかんむり」ではないので気をつけましょう。

5 ①「値」は、音読みが「チ」、訓読みが「ね」です。

6 ③「明朗」は、こだわりがなく、明るくほがらかなことという意味の言葉です。

7 ①「勤める」は「会社などにやとわれてそこで働く」という意味、「努める」は「一生けんめい努力する」という意味、「務める」は「ある役目を引き受けてその仕事をする」という意味で使います。

8 ①「紅茶・紅葉・紅白」となります。
②「模様・模型・規模」となります。上の二つは「モ」と読みますが、三番めだけは「ボ」と読みます。

10 ②共通する部分は「者(シャ)」ですが、読みは「シャ」ではなく「ショ」となることに注意しましょう。

3 2 1 0 9 8 7 6 5 4
＊ ＊ D C B A